PRÄAMBEL

"Über die Anfänge" könnte traditionell Gläubige enttäuschen und AtheistInnen zum Glauben anregen, haben beide ihre Positionen liebgewonnen, wird, im Interesse aller, vom Studium dieses Buches abgeraten.

[2. Aufl., kleine inhaltliche Korrekturen, neues Format; neu: mit Personenverzeichnis]

Die Lektüre liest sich am besten von „hinten" nach „vorne", nach der Blogform. Buchversion folgt.

08.04.2520

Extended suicide – „erweiterte Selbstötung" – some types of extended suicide – more in Europe then in USA the type of the **familiy suicide**, the family suicider: before his killing he kills his family – most of this killers and self-killers are male/men, very rare women. Especially in USA there is an other type of extended suicide, the „**police suicide**" – that means to kill other people in a mass shooting in order to be killed by the police, by police officers. Propably the Las Vegas shooting in 2017 (he killed 58 and himself, insured 422 people) - was an extended suicide – type: police suicide (in confrontation with the police and the law he kills himself as a criminal, as a most serious sinner or/and a kind of evil god – with the exceptional power, to terminate life – the idle power of an evil god – who kills other people and hurts the people, who loves them – as the last thing before dying – his dead leaves a terrible ingloriousness and disturbance behind. This type of extended suicider has to hate other peoples, to generate, cultivate this hatred – as an idle godess with narcistic anger — he will end as a nearly unforgettable pest: the society of fame forget his life, but won't forget his dead (she is happy that he's dead). The extended suiciders hate life, happy life – to kill others, who lives happily (or could life: provoking murderous jealousy), to erase the sense of life and other life, helps them to erase themself – (even to shot in the face of little children like the Odessa killer (2019)), from murder to murder, more and more, worser and worser, to be out of law, of society and, at the end, of life – they make themselves worth beeing effaced as absolutely antisocial outlaws. Depression, desperation, hopelessness may have grown. Beeing as a mortal – beeing controlled by this thought and experience - from day to day getting older, means: getting earlier dead - could have evoked a murderous loathing against himself and the whole mortality of life: nothing is worth not to die, for them: not to be killed - there is no absolute sense then the sense of death – their absolutistic belief is nihilism. And other type of extended suicide – most of that kind happens in USA (we have had in Germany an imitator at Winnenden in 2009 - the young man killed 15 people and, after a police hunt, him self) is the „high school suicider" – he kills as a student other students, pupils, teachers – in order to be killed at the end in a shooting (or in prospect of a terminal shooting he shoots him self) – the High School suicider – is a kind of a O.K.Corral or police suicider. The place to generate this hatred and the deceptio is the school – the school as a quite brutal social selection machine – may be in USA a little bit more than in Europe.

08.04.2520

Vom Erweiterten Selbstmörder ist der **ideologische Massenkiller** aus der rechtsextremen Szene zu unterscheiden Typ Breivik, Breivikianer (zum Typ Islamistischer Massenkiller, Atta, siehe Bd. 7) – wie der Typ in Halle im Oktober 2019 – der, weil er nicht in der Synagoge Juden töten konnte (das aufsehenerregendste Ziel im Post-Nazi-Deutschland) eine zufällige Passantin und einen Döner-Besucher ermordete. Das erinnert an die „Döner-Morde" des NSU: hier mordete er gegen die Islamfraktion, dort versuchte er Juden zu ermorden. Dieser Killer will im Unterschied zum Erweiterten Selbstmörder auf keinen Fall von der Polizei getötet werden, das schadete seiner „message", zum Beispiel allein dadurch, dass seine Tat als die eines erweiterten Suizids gelesen werden könnte: er will als Held der rechtsextremen Szene überleben, seine „politische" Mörderei sichert ihm zudem negative Aufmerksamkeit in der Mehrheitsgesellschaft, er weiss vor der Tat ungefähr, welche Sonder- und Outlaw-Karriere sie ihm eröffnen wird, beschreitet er nicht, ausgelöst durch ein Schlüssel-ereignis, die Karrierre des Geläuterten, der einstigen Gesinnungsgenossen den Selbstaufkärungs- und Bekehrungsweg zu finden und zu gehen hilft, tatkräftig unterstützt durch die ihm einst verhasste Gesellschaft.

07.04.2520

Zur Änigmatischen Bewegung gehört Aufklärung, sie ist nicht nur die Aufklärung der Religion, sie ist „die" Religion der Aufklärung.

06.04.2520

Die Spannung, unser „unaufgeklärtes Irrenhaus" mit der Änigmatischen Bewegung als auch oder – für die, die sich „ihren" religiösen Reim selber machen – nur mit postabrahamischer, postbuddhistischer, posthinduistischer Aufklärung zu verlassen und gleichzeitig von der Änigma und ihren „übernatürlichen" Aktionen zu wissen (für andere heisst das: zu glauben) – also ein religiöses Exit und ein religiöses Reentry zu feiern.

05.04.2520

Akommunikation der Änigma und „locutio angelica": ängimatische Sprache und angelische Sprache.... (vgl. Bernd Roling: Locutio angelica. Die Diskussion der Engelssprache als Antizipation einer Sprechakttheorie in Mittelalter und Früher Neuzeit (2008)). Von der angelischen Sprechakttheorie – bei Roling sehr christozentrisch – zur änigmatischen Akommunikationstheorie (Christentum, Islam, Buddhismus, etc.)

04.04.2520

Staatstragende Satiriker, die sich jetzt lustig machen darüber, dass ihnen dieses und jenes erschienen sei – und sie das als diese oder jene Berufung begriffen.... De Facto ging dem Junge das Ereignis, die Eröffnungsakommunikation „Philosoph. Du bist Philosoph" bald abhanden, es geriet in Vergessenheit, es war zu schräg (ich empfand es eher als erheiternd als erschreckend, es war überraschend und komisch...Was ist jetzt das hier?...dachte der Zehnjährige...) und kaum war das geschehen, mittlerweile in ein Internat in den Alpen versetzt und abgeschoben, wachte er dreizehnjährig eines Morgens auf und wusste, dass das kein „normaler" Traum war und nervte seine vor sich hindösenden Tischgenossen gehörig damit. Hei, ich muss euch was erzählen, hei, wisst ihr was eine „Obligation" ist? Ich sah mich in einem Grossraumbüro eine Obligation tippen (damals konnte der Dreizehnjährige noch nicht Maschinenschreiben). Tippend ein Papier in ein Wertpapier verwandeln... Fünf Jahre später war ich dieser Tippende. Und bald darauf der junge Mann, der an die Uni zu Kant-Vorlesungen ging, Jahre vor dem Abschluss eines Zweite-Bildung-Abiturs, aber bereits wissend, dass Kants Zeit-und-Raum-Kategorien einen Fehler, eine Lücke haben. Erst drei Jahrzehnte später geriet die Eröffnungsakommunikation wieder in Erinnerung, war der Geist und Intellekt gereift und fähig dafür, diese Kapsel zu öffnen und offen zu halten.

03.04.2520

Während ein defätistischer, einfallsloser Schriftsteller wie Houellebecq in seinen defätistischen, einfallslosen Büchern meint, mit dem Islam hätte die letzte Stunde der Religion geschlagen, ihr letztes Kapitel sei geschrieben worden, hat die Änigmatische Bewegung längst ein neues Kapitel aufgeschlagen, ein erstmals wirklich globales Kapitel. Und es wird über die Jahrhunderte und Jahrtausende erstrahlen.

02.04.2520

Der wahre Christus ist die Christus-Redaktion, die Live-
Kamera, die dabei war, als es über dem Wasser zu Gange
ging mit dem Jeshua und dem Petrus... Seht, seht den
blinden Fleck: da ging die Christus-Redaktion mit ihrem
Stift zugange, den sie in Tinte, nicht in Wasser tauchte.

30.03.2520

In einem Änigmatischen Staat wird als erstes der ganze
Hollywood-Kram rausgewofen – ähnlich wie Platon die
Dichter aus seinem Platonischen Staat verbannte –
jedenfalls die, die die märchenhafte Wirklichkeit mit
Märchen, die sie nur zur Unterhaltung erfanden,
bekleckerten, verwischten, überzeichneten.

30.03.2520

Filme wie „Matrix", die postmodern Religionen und
Philosophien ausplündern, was das Zeugs hält, und
ähnlichen verfilmten Drehbuch-Kram, der unterhaltsame
Illusionen vorstellt – was ja auch die christliche Sekte so
gut kann: sich in Illusionen Filmfiguren vorstellen, die
real Wunder tun (getan haben und es jetzt in der
Vorstellung immer wieder tun...) – siehe, da läuft einer
gerade über Wasser...- und die „Live-Kamera" war dabei
und der Protokollant notierte die Gespräche, ganz nahe
war er, kein Wort überhörte er....(Lief er auch auf dem
Wasser oder schwebte er über ihm?)). Und doch
enthalten auch Filme wie Bücher Gehalt, Sinngehalt –
nicht minderwertiger als Bücher, in der Anschauung
sinnlicher, verführerischer.

29.03.2520

Der Prophet gilt nichts im eigenen Land. Mensch wird in einigen Jahrzehnten, Jahrhunderten sich über die fast ausnahmslose Ignoranz meiner Zeitgenossen und Zeitgenossinen wundern: – die in ihrer Eitelkeit, in ihrer Vorsicht, in ihrem Zweifel, in ihrer Geistesträgheit, in ihrer Konditionierung nicht viel ungelassen liessen, um die Botschaft von Gott, der Änigma, die mir akommuniziert ich kommuniziere, zu ignorieren, zu disqualifizieren, zu permingieren. Irgendwann werden sie beginnen zu begreifen, dass es kein Ende in *Über die Anfänge* gibt, das da lautet: „Sorry, Leute, alles in *Über die Anfänge* Erzählte, Geschriebene, ausser dieser Satz hier, war, ist ein Roman. Nehmen Sie ihn nicht zu ernst, lesen Sie ihn bloss zum Vergnügen.".

28.03.2520

Philosophisches Kreisen über Änigmatische Kreise, rätseln über das Rätsel schlechthin, das gewisse, unbezweifelbare Spuren hinterlässt.

27.03.2520

So könnte die Akommunikation Mohammeds gelaufen sein: Es war sein Arabisch, nicht seine Botschaft, die sich im Aussenraum „schrieb". und so las und schrieb er sie ab – Gott, die Änigma, spricht und schreibt in vielen, in allen menschlichen Federn und Zungen und in verschiedenen „göttlichen" Gestalten. Ähnlich verlief die Akommunikation um 1972 in Othmarsingen (CH) – es war meine hochdeutsche Kraxelschrift, nicht meine

Botschaft (an mich, die ich fast nicht verstand...noch viel weniger den ganzen Vorgang), und im Anblick einer „vertrauten Schrift, meiner" ablas und erinnerte – und schnell verdrängte und vergass, weil zu absurd, zu überfordernd, zu überwältigend.

26.03.2520

Die einstmalen mörderische – schnell mörderisch werdende – Denunziation, dass jemand mit dem Teufel im Bunde steckt (Hexenholocaust) und die noch mörderischere, dass der Jude der Judas und Satan ist: Du bist Jude, ergo Untermensch, ein Anti-Christ (Pogrom-Holocaust), ist auf dem gleichen christlich-paulinischen Mist und mistigen Manichäismus gewachsen.

25.03.2520 (1)

In der Abrahamischen Teufelslehre steckt viel überlegenswerte positive Spekulation über die Änigma. Dass sie nicht physisch, nur mental auf die Genesis unserer Welt Einfluss nehmen kann zum Beispiel. In der Abrahamischen Gotteslehre kann das nur Gott. Wobei wir nie wissen, inwiefern sie involutiv in die soziale und natürliche Evolution „physisch" einwirken kann – auch die Akommunikation war „physisch". Es bleibt uns von ihr das meiste rätselhaft, sonst hiesse sie nicht Änigma.

25.03.2520 (2)

Die Änigmatische Gotteslehre – weniger hochgestapelt formuliert das Rätselraten über Gott, die Änigma –

vereint Eigenschaften, die die alte Gotteslehre und Dämonologie manichäistisch in Gut und Böse trennte.

24.03.2520

Dass die Änigma verteufelt und verschwiegen wurde – vor allem Frauen bekamen das dann auch zu spüren –, das passt bestens zum perversen abrahamistischen Gottesbild.

23.03.2520

Vom Teufel Besessene können in fremden Zungen sprechen, hiess es in den Dämonologien des Mittelalters und der Frühen Neuzeit (bei der Analphabetin Marthe Brossier (1599) wurde geprüft, ob sie Latein konnte, ob sie Altgriechisch verstand). Das „Du bist Philosoph" war für den Zehnjährigen durchaus Fremdsprache. Das hätte der Zehnjährige nicht einmal träumen, geschweige, schreiben können. Was die Änigma hier (für wen ? offenbar für geschulte Erwachsene, ein späteres Ich) schrieb, das drang, das schriftstellte sich in einen kindlichen Gesichtskreis.

23.03.2520 (2)

Christen, also so richtig manichäistisch konditionierte abergläubige Christen, in deren Welt es den Teufel und den lieben Gott gibt – und diverse Muslime werden sich dem anschliessen, folgern daraus, dass mich als Zehnjähriger Satan oder ein böser Dämon akommunizierte. Wetten.. Im Denunzieren sind Christen besser als Muslime, trotz deren „Ungläubigen"-

Denunziation, die nicht von schlechten Eltern ist. So wird der kollektive Aberglaubenswahnsinn dieser abrahamischen Grosssekten noch eine Weile sein Unwesen treiben in unseren Breitengraden. Bis die Menschen immer mehr sich postabrahamisch aufgeklärt der Änigmatischen Bewegung, der Freiheit, der Mündigkeit zuwenden, und diese antiken patriarchalistischen Grosssekten nicht nur beerben, sondern beerdigen.

22.03.2520

Dass Gott, die Änigma, Gedanken, unsere Gedanken lesen kann – bleibe dahin gestellt – jedenfalls kann sie unsere Schrift – z.b. deutsche Kraxelschrift eines Zehnjährigen – manipulieren durch Zugriff auf mentale Zustände. Ähnlich wie in der Parasynchronizität – sie sah mit meinen Augen (sie zeigte mit meinen Augen), was sie (ich) später sehen und erleben werde.

21.03.2520

Wer behauptet, wir leben nicht im abergläubischen Mittelalter -werfen Steinchen in einem manichäistischen Weltbild gegen den Teufel – beten „und erlös uns von dem Bösen"-der/die könnte sich in einem unaufgeklärten Irrenhaus wähnen.

20.03.2520

Es ist klar, dass postabrahamische Aufklärung und postbuddhistische Aufklärung und posthinduistische

Aufklärung bei den etablierten Grosssekten helle Freude hervorruf (Singularis majestatis). So soll es sein!

19.03.2520

Solange der Ideologie-Betrieb der abrahamischen Grosssekten, die sich den Oberbegriff „Christentum" gegeben haben, auf ihrer eingespurten Spur laufen, wird das unsinnige, unfundierte, groteske „Herr, Du hast uns durch deinen Sohn..." erschallen. Es wird keine Mutter, keine Tochter – keine Änigma in dieser Performanz zugegen sein – nur der „Heilige Geist" – mensch könnte auch „Schrift und Archiv, über die die Herren herrschten" sagen.

19.03.2520 (2)

Und solange die Sekte jährlich an Kirchensteuern, Immobilienerträgen usw. 12 Milliarden Euro einnimmt, den Umsatz eines Grosskonzerns realisiert, die Öffentlich-Rechtlichen – ARD und ZDF – in Millionen von deutschen Stuben smarte Pfarrer und Nonnen (Schauspieler) heile Welt vorspielen lassen (die Kirchen gehen längstens zu den Leuten in die Stuben, gehen die Leute nicht mehr in die Kirchen), werden sich Leute in ihren Dienst stellen. Zudem haben es 14 Jahre Merkel-CDU erreicht, in vielen Gymnasien Aufklärung und Geschichte durch Moralisiererei zu ersetzen.

19.03.2520

Es wird Zeit, dass Aufklärung und aufgeklärte Religion in Deutschland, in Europa, auf dem ganzen Globus

gefördert werden. Und es ist daran zu erinnern, dass die
Änigmatische Bewegung mit der Aufklärung und der
wirklich unabhängigen (Religions-)wissenschaft nicht im
Widerspruch steht. Im Gegenteil. Sie. Gott, die Änigma,
weist uns an, Philosoph, Philosophin zu sein, von der
Wiege bis zur Bahre, und Obligation, Verpflichtung,
Verantwortung gegenüber unserer Auserlesenheit und
derjenigen dieses Planeten wahrzunehmen und wahr zu
machen .

18.03.2520

Doch wir sehen das Positive aus änigmatischer Sicht: das
Gute ist, alle „Welt"religionen tragen – egal, ob negative
oder blinde – Züge der Änigma.

17.03.2520

Alle Religionen enthalten – ausgeschlossene,
unterdrückte, verdrängte, auf den Kopf gestellte,
unverstandene, blinde – Facetten der Änigma – deswegen
sind sie so pervertiert, so lebensfremd, weltverfluchend
– aus der Auserlesenheit, nicht nichts zu sein, wird
Verdorbenheit und Bestrafung, ein Zustand des Fluchs
und der Ächtung, dem zu entfliehen ein Erlöser und
Prozess oder ein Erlösungsprozess mitunterzustellen war.
Auf solchen Abwegen treffen wir heute die antiken, sich
in die Gegenwart „geretteten" Religionen oder
Grosssekten an – komplett gedreht in unseren Medien
voller smarter Pfarrer und Nonnen – die sich – zum
Glück – gerettet und gehalten fühlen von der Hand ihres
Gottes. Und einem Schauspieler in Rom, der betont, dass

für ihre Grundverdorbenheit der Erlöser gestorben und auf der Rückkehr begriffen ist.... (wer sieht den Fehler).

16.03.2520

Änigmatischer Buddhismus, änigmatisches Christentum, änigmatischer Islam, änigmatisches Judentum, änigmatischer Hinduismus, ...

15.03.2520

Aus positiver änigmatischer Sicht – mit dem „Änigmatischen Rasiermesser" gelesen – feiert der Buddhismus unsere Auserlesenheit, das Christentum die synchronizitäre Wiederkehr (transtempospatial), der Hinduismus die änigmatische Dimension in allen Lebewesen, der Islam die sakralisierte Akommunikation – ist doch „Obligation, die zu schreiben ist": ordinäres Papier, das „Wertpapier" wird, Akommmunikation die Kommunikation sakralisiert.

14.03.2520

An dieser Stelle sei wieder einmal daran erinnert, dass der Gedanken-Weg bis hierhin zu Buch 6: *Änigmatische Kreise* von *Über die Anfänge* die vorhergehenden Bücher voraussetzt (Buch 5 mit dem Titel „Buch Leben" ist hier zwar noch zugänglich . Dass NeueinsteigerInnen in dieses Buchprojekt in Blogform sich vielleicht bei einigen Dingen die Augen reiben oder nichts verstehen. Die Anfänge liegen in *Über die Anfänge* 1 und 2 – 2 ist der erste Band (2 – die hintersten Seiten sind noch ohne Chronologie, die vorderen Seite noch in der gregorianischen Kalenderzeit, der Wechsel zur genesianischen Zeit findet in diesem ersten Band mit dem Titel „Teil 2" auf S. 34/35 statt – ab dann bis S. 1 und in allen weiteren Büchern wird nach dem genesianischen Zeitkalender /a.A. „after Axialage" gerechnet) -Teil 2 ist darum der erste Band, weil ja eigentlich von „hinten" nach „vorne" zu lesen ist). insofern hier ein Lesetipp: scrollen Sie weit zurück und lesen Sie von „unten" nach „oben" der Chronologie nach – Sie werden teilweise die Dinge erst dann richtig(er) verstehen, Zusammenhänge entdecken, brachliegende Gedanken erschliessen, usw.

13.03.2520

Über komplett Fehlgeleitete und komplett Richtiggeleitete…

12.03.2520

Ich habe nicht nur bürgerliche Karrieren, die mir privilegierterweise – als Sohn des reichsten Fabrikanten im Dorf (in der Gegend), zudem gut aussehend und klug – vor die Füsse gelegt wurden – ausgeschlagen, sondern auch bürgerliche Familienpläne. Also langweilt nicht mit irgendwelchen abstrusen Theorien, ich müsste irgendetwas „Verpasstes" in meinem Leben mit abstrusen Dingen kompensieren. Es läuft alles rechtens, klarstens, wahrstens.

11.03.2520

Da ich gottgeeicht bin, gottgeerdet lebe, akommuniziert kommuniziere, kann mir im Grunde nichts passieren, was immer mir passiert (selbstverständlich werde ich an dem üblichen Krebs oder so wie wir alle, teilweise wird es elend, sehr elend werden, sterben. Das muss sein, durch – dann ist es vorbei! Leben ist tief, Sterben ist oberflächlich) – vielmehr geht es darum, allen von dieser positiven wunderbaren Kraft aus der Akommunikation der Änigma Mitteilung zu machen, ihr Geschenk an mich – das sie sogar zu formulieren verstand – an euch weiterzuschenken – ihr seid Philosoph, Philosoph*in. Dabei reagiere ich allergisch auf Kitsch oder Esoterik, wie sehr das hier auch so gelesen, verstanden werden könnte oder einfach für verrückt oder hybrid, doch das ist dann ihr Problem, auch wenn Sie denken, es sei meines. Ich halte die Änigma-Akommunikation selber für verrückt, aber da ich seit Kindheit mit ihr „zu leben gelernt" habe, ist es für mich ein normaler Zustand, ist es für mich ein normaler Zustand „religiös" zu sein, und zwar so, dass ich nicht nur glauben kann an einen Gott, sondern ihn (sie) wissen muss, erkannt und gelesen haben musste.

10.03.2520

Zu den normal fehlgeleiteten, auf Nichts als auf zerstörtem Testament Mohammeds, auf zerstörtem Letzten Willen Allahs bauenden Muslimen – die hier „historizistische" heissen- kommen die extrem fehlgeleiteten dazu. Mehr sind die extremen Islamisten nicht, als extrem fehlgeleitet. Ganz anders sind testamentarische Muslime, Muslima, die sich von der historizistischen Fessel, die der Koran hauptsächlich ist (viel mehr ist er im Grunde nicht) lösen und auf dem richtigen Weg sind, ewig zu ihm strebend, möglicherweise in Richtung Änigmatische Bewegung oder schon Teil von ihr, bevor sie es realisieren.

10.03.2520

Der komplett fehlgeleitete historizistische Sunniten-Islam der komplett fehlgegleiteten IS-Marionetten sprengt mit einem Selbst- und-Massenkiller in Kabul eine glückselige Hochzeitsfeier in die Luft – 70 Leute sind ermordet, hundert verletzt (August 2019 christl. Zeit – nicht das erste Mal)- die komplett fehlgeleiteten Sunniten-Muslime der Taliban und der IS (keiner von denen ist besser, keiner von denen ist nicht komplett fehlgeleitet) argumentieren, sie sprengten komplett fehlgeleitete Shiiten-Muslime in die Luft (natürlich meinen sie, diese würden in die Hölle befördert – nur der tolle Sunniten-Massenkiller würde im Himmelhotel Allah einen Platz in der VIP-Lounge kriegen…). Erstens. Fehlgeleitet durch Trennung und Zerstörung des Letzten Willens Allahs und Testaments Mohammeds sind beide Muslim-Kulturen. Zweitens merken diese historizistisch verblendeten Muslime offenbar nicht, dass sie sich selber in die Luft sprengen. Dass sie den Anfang vom Ende des historizistischen Islams symbolisieren, dass sie nichts anderes als ihre Fehlleitung, als ihre Zerstörung durch die Zerstörung des Letzten Willens Allahs vorstellen.

09.03.2520

In einem gewissen Sinne reden die platonischen Ideen und die islamische These, dass der Originaltext des Korans, bei Gott im Himmel liege, von der gleichen Sache. Und damit ist nicht nur die muslimische Übertragung der platonischen Idee auf den Koran gemeint.

09.03.2520

Auch das Nirvana ist das jenseitige Idealwesen, die Idealidee des Lebens als idealerweise totes, nicht wiederkehrendes, in positives ewiges Nichts aufgelöstes, im Kern basiert wie der Abrahamismus auch der Buddhismus auf einer dualen Himmel-Hölle-Struktur: der Himmel ist die nicht wiederkehrende endlose Auflösung, die Hölle ist die Wiederkehr ins verfluchte endliche Leben (eine listige Art, unser auserlesenes Leben schlecht zu reden). Und auch hier braucht es eine richtende, eine entscheidende Instanz, die die Vorgänge, die über Himmel und Hölle entscheiden, addiert und bewertet, entweder für das Nirvana oder für die Wiederkehr. Im Christentum und Islam ist ihr abrahamischer Gott, der Richter, der am Jüngsten Tag oder am Tag der Versammlung die auferstandenen Seelen-Körper in Himmel oder Hölle aussortiert.

09.03.2520

Über das Inseits vom Jenseits (Beispiel: Buddhismus): Dass nur einer, ein Mann, ins ewige fruchtbare Leben einschlug, Millionen nicht, die es aber immer und immer wieder versuchen (müssen) auf dem gleichen Weg, erinnert an den intrauterinen sexuellen Befruchtungsprozess von Spermien im Ei, in das von Millionen nur eines „einschlägt", weitere Millionen auf dem gleichen Weg können es dann noch so versuchen. Vergeblich, sie werden wiederkehren. Insofern ist die Vergötterung Buddhas die vergessene, die verdrängte Vergötterung einer Fruchtbarkeitsgöttin (unseres sexuellen Befruchtungsprozesses).

09.03.2520 (2)

Buddha ist das auserlesene Spermium – wir sind alle „Buddha". Tiefenbiologisch oder änigmatisch betrachtet wird mit Buddha die eigene „Auserlesenheit", – ich – du – das Super-Spermium unter Millionen Spermien, die nicht fruchtbar wurden, gefeiert…

08.03.2520

Voraussage: änigmatologische Physiker, Astrophysiker, KosmologInnen werden weiter kommen als „materialistische" Physiker, die die These, dass es die Änigma und die änigmatische Dimension in unserer Genesis gibt, ausschlagen. Gott, die Änigma, rechnet mit uns, dann sollten wir auch mit Gott rechnen (lernen).

07.03.2520

Die Änigma ist die Göttlichkeit, ist Gott aller Menschen, aller Lebewesen, und der Planet Erde, das Universum selbst ist Teil der änigmatischen Dimension – deswegen hat Kosmologie Teil der Änigmatologie, Änigmatologie Teil der Kosmologie zu werden.

06.03.2520

Das Ende des Atheismus. Vor der Änigma sind alle Menschen Philosoph/Philosophin. Atheismus ist die Pupertät des Agnostizismus – und derselbe ist aus Sicht der Änigmatischen Bewegung grundlos, überflüssig, hinfällig – denn änigmatische Zeichen, Akommunikationen in und aus unserer Welt, von der Änigma mit unserer Sprache, sind eingetroffen. Unbezweifelbar, sicher eingetroffen – jedenfalls weiss und glaubt das die Änigmatische Bewegung. Nur wissen wir nicht, wer die Rätselhafte, was das Änigma der Änigma ist – Deutungshilfe gibt sie nicht und ihre „Bio"graphie teilt sie uns nicht mit (Biographien haben biologische Wesen, Menschen, Lebewesen) auch nicht welche Macht sie ist und über welche sie verfügt: die Parasynchronizität zeigt: in ihrer Dimension ist unsere Zukunft wie ein Stück Vergangenheit „abgelegt" (Einstein hatte eine vergleichbare „Blackbox-Idee") und immerhin hat sie die Fähigkeit, uns in der Welt unserer Genesis, unserer Erkenntnisapparates, unserer Sprache – in diesem Fall, die deutsche – lesbar, verständlich zu akommunizieren. Wie gross ihre Nähe zu uns auch ist, bei der Akommunikation entstand der Eindruck, die Änigma ist sehr anders, sehr fremd, sie west sehr weit entfernt von uns, in ihrer Genesis.

06.03.2520 (2)

Über den Himmel. Es ist schwierig, es scheint schwierig, fast unmöglich zu sein, uns über unseren Tod hinaus, in dem nichts mehr, jedenfalls nichts mehr wie zuvor zu sein scheint, von dieser Andersartigkeit, dieser Fremde der änigmatischen Dimension – „des Himmels" – etwas Vorstellbares zu vermitteln – für die einen ein aufgelöstes, erlöstes Nichts, in dem sie das Leben als Fluch denunzieren, für die anderen, die ebenfalls das Leben als unwesentlich oder verflucht denunzieren, ein ewiger paradiesischer Spaziergang und Wesenszustand. Doch letztlich sind diese männerlastigen Weltfluch-Religionen bloss sekundäre Reaktionen auf die Religion, der sie abstammen, die der grossen Mutter, der Änigma, die es als Urreligion, als wahre Religion, nicht nötig hatte und hat, das Leben zu verfluchen oder als scheinbar zweitrangig hinzustellen (vom Fuss auf den Kopf – und so ist die letzte Religion die erste und die erste die letzte).

05.03.2520

Der Big Bang sollte Big Spin heissen – oder Big Orbit.

04.03.2520

Übertragen auf jede und jeden sagt Gott, die Änigma: Du bist Philosoph, primär Philosophin, nicht Christ, nicht Christin. Vielleicht schliesst das nicht aus, auch testamentarischer, ebionitischer Christ zu sein, testamentarischer Muslim zu sein, radikalistische Athetistin zu sein, usw. – denn das schrieb sie zuerst einem Zehnjährigen, der kaum etwas davon verstand,

sondern sich über das Wunder wunderte und es
verdrängte – zu *jedem* erwachsenen Menschen egal
welcher religiösen/anti-religiösen Einstellung.

03.03.2520

Die Genesis unserer Welt ist grösstenteils
Selbstschöpfung oder Autopoiese (Autogenesis) – ob
Gott, die Änigma, oder was Gott, die Änigma, dazu
beitrug, ist uns unzugänglich, präsent ist ihre Dimension
jedenfalls. und was sie akommunizierte ist: Obligation –
betrachte die Autpoiese des Weltalls, die unseren
Planeten auserlesen hatte zu einem besonderen,
biologistischen, als Verpflichtung, Verantwortung, als
eine heilige, wie einen heiligen Text, der zur Erde und
deinem auserlesenen Leben wurde, d.h."heilige Texte"
sind Sekundärprodukte des „heiligen Textes", der die
Genesis unserer Welt und ihre änigmatische Dimension
„ist": insofern ist der Gedanke im Islam,"der" heilige
Originaltext Gottes sei im Himmel,der Koran sei eine
Abschrift; Übertragung davon, nicht so abwegig.

03.03.2520 (2)

Akommunikation stammt aus der Genesis der Änigma
(die Schriftakommunikation um 1972, sommerabend-
lich, auf einem Platz vor einer Strasse erlebt, war eine)
und aus der änigmatischen Dimension (die
Parasynchronizität real geträumt und ca. fünf Jahre später
real erlebt war eine. Übrigens, auch ein führender
Politiker oder Politikerin sollte sich in Gottessachen
zurücknehmen, ihn oder sie hat nicht Gott, die Änigma,
auserwählt, sie hat eine Mehrheit ihrer Wahlbevölkerung

für eine Regierungsfrist gewählt. Der Unterschied ist gross, wahrscheinlich unermesslich gross: das eine beruht auf Akommunikation, das andere auf Kommunikation. Der letzte Grosspolitiker, der meinte, ihn hätte nicht die Bevölkerung gewählt (was sie mehrheitlich nicht einmal tat, er half mit einem Parlamentsputsch seiner „Erwählung" nach), sondern Gott auserwählt (er meinte den Gott der Christen), war Adolf Hitler, der Judenmassenmörder und einer der grössten grössenwahnsinnigen Feldherren des Todes und Desasters der Geschichte.

02.03.2520

In die Pflicht gestellt zu sein – das „Gestell der Obligation, auserlesen zu sein, nicht nichts, Auserlesener Planet Erde voller Sonne, Wasser und Leben, auserlesenes Lebewesen davon zu sein, nicht bloss Stein und totes Eisen

02.03.2520

Die Antisemitische Sekte – das ist ein Missverständnis und ein Schwindel.

01.03.2520

Die Änigmatische Bewegung – das ist kein Missverständnis und kein Schwindel.

30.02.2520

Und den Buddhisten, vor allem den Buddhistinnen, rate ich, sage ich: Hört auf, euch in das Nirvana zu meditieren, es ist die änigmatische Dimension, die uns alle umfängt. Hört auf mit eurem stillen Sinnieren, wenn ihr meint, ihr kommt, ihr seid ihr näher, ihr könnt euch aus der Genesis unserer Welt und ihrer änigmatischen Dimension speziell „hinaus- und hinwegmeditieren" für ewig. Und den Hindus rate ich, sage ich: Hört auf, euch im Fluss zu waschen, ihr seit innerlich sauber oder gar nicht, ihr seit rückfällig oder gar nicht. Hört endlich auf die unendliche Wiederkehr zu verachten – das ist ein Missverständnis und ein Schwindel.

30.02.2520

Und den Muslimen, vor allem den Muslima, rate ich, sage ich: Hört auf, fünfmal am Tag auf die Knie zu gehen – in einem gewissen Sinn „kniet" Gott, die Änigma, vor euch, hat Sie Ehrfurcht vor Euch, hat Sie Liebe für Euch übrig – Sie wird euch nicht fünfmal mehr erhören, wenn ihr fünfmal am Tag zu Boden geht vor ihr – steht auf, steht auf. Und den Muslimen, vor allem den Muslima, den historizistischen, die ein religiöses Ohr bewahrt haben, die ein *testamentarisches* Ohr sich bewahrt haben, rate ich, sage ich: Hört auf, nach Mekka an den Hadsch zu gehen. Das ist ein Missverständnis und ein Schwindel. Hört auf, nach Mekka zu gehen, das ist ein Missverständnis und ein Schwindel. Und den Paulinisten, vor allem den Paulinistinnen, die sich ohne zu erröten Christen (Christinnen) nennen, rate ich, sage ich: Hört auf an das Gekreuze zu glauben, hört auf, Kirchtürme und Glocken aufzustellen, das ist ein Missverständnis und ein Schwindel. Und an die Christen (Christinnen), den paulinisierten, die ein religiöses Ohr bewahrt haben, die ein *ebionitisches* Ohr sich bewahrt haben, rate ich, sage ich: Hört auf an Weihnachten zu glauben, an die „kleine" Auferstehung – das ist ein Missverständnis und ein Schwindel.

29.02.2520

Nicht denken, sondern, überwältigt, eingeschüchtert, begeistert entgeistert, dem Fluss, dem Vordenker, dem Vorprediger folgen,..

28.02.2520

Sicher nicht des testamentarischen Islams, der versucht, dem „letzten Willen" Gottes und Mohammeds zu folgen – ist das nicht die letzte Akommunikation und die erfolgte im späteren 20. Jh. nach Christus und 13. Jh. nach Mohammed und lautet: „sei Philosoph" und betrachte deine Auserlesenheit, wie die dieses Planeten, als „Obligation". Wenn für den Muslim die Möglichkeit nicht ausgeschlossen ist, dass sein Gott Allah sich nochmals mit Akommunikationen meldet (denn seine Macht und sein Wille sind allmächtig), und er einsieht, dass es falsch ist, dass es Menschenhand ist, den Koran „absolut" abzuschliessen- dann hat er der Änigma, der Kommunikation der Änigma zu folgen – dem Propheten oder der Prophetin **nach** Mohammed.

28.02.2520 (2)

So wie die Paulinisten behaupteten und behaupten, mit ihrem Jeshua-Christo sei „der" Messias erschienen, es gäbe keinen mehr (das an die Adresse ihres Erzfeindes, die Altjuden), so haben die historizistischen Muslime die Tendenz zu behaupten, mit Mohammed sei der letzte Prophet erschienen, nach ihm gäbe es keinen mehr. Sie irren beide auf ihre Art.

27.02.2520

Das „Opferfest" sei das höchste Fest des historizistischen Islam (sicher nicht des testamentarischen). Dabei ist ausgerechnet die Fast-Opferung von Ibrahims (Abrahams) Sohn eine der unoriginelleren Stellen im Koran, offensichtlich Copy und Paste und Permingation der Jüdischen Bibel. Statt auf einer Akommunikation basierend, auf dem „Willen zur Macht", der sich in Mohammed als Buchautor äusserte, je mehr ihm die geniale grosse, ja erhabene Idee, den Gott Abrahams in eigener, arabischer Weise neben dem christlichen Gottmensch Jeshua und dem jüdischen Gott Abrahams, der den Prophet der Juden noch nicht entsandte, in Stellung zu bringen, einleuchtete als Erleuchtung, die seine „Araber", die schon lange auf diese religiöse Befreiung und Steigerung warteten, ansteckte, entzündete, begeisterte (von dieser Begeisterung zehrt die muslimisierte Gegenwart bis heute, 1300 Jahre später).

26.02.2520

Philosoph/ie und Obligation. Wir könnten darüber nachdenken, welche Philosophie, welchen Philosophiebegriff die Göttliche, die Rätstelhafte hat oder ob das, was sie uns mitteilt (von „mitteilen wollen" zu reden, wäre vielleicht bereits zu anthropomorph, auch wenn die Redensart „Gottes Wille" sich in abrahamisierten Kreisen eingebürgert hat), oder das, was sie versucht, uns mitzuteilen, ihr in unserem Begriff „Philosophie/ Philosoph" der beste/geeignetste dafür schien – in deutscher schriftlicher Mitteilung eine latinisierte Wortform. Vielleicht ist „Philosophie" für sie, für ihre Akommunikation in unserer Kommunikation, der höchste, der geeignetste Begriff unter Menschen, vielleicht schliesst sie deswegen mit ihm ihre Akommunikation an unsere Kommunikation an, benutzt sie ihn als „Anschlusscode" und „Brückencode".

26.02.2520

Philosoph/ie meint: Du bist auf das Ganze orientiert, grundsatzfragenorientiert, wahrheits- und weisheitsliebend, selbsterkenntnisorientiert, aristotelisch universalistisch, du liebst Sophia, die Weise: Philosophie ist Weisheitsliebeslehre, Gottesliebeslehre, Änigmaliebeslehre.... – je nach dem, welchen Begriff wir von Philosophie haben), dasselbe gilt für Obligationparasynchronizitär als Wertpapier geträumt. Die änigmatische Akommunikation macht aus blosser Kommunikation aus blossem Papier ein Wertpapier: Obligation? Wieso träumt sich im 13 Jährigen der 18 Jährige, der in einer Bank als Lehrling eine Obligation "ausfüllt" und damit aus blossem Papier ein Wertpapier macht? Ist das Verkündigung: Du schreibst, du machst aus Papier dieses „Wertpapier" als die „wahre" Obligation? Ist das nicht auch der Vorgang des Akommunizierens? entsteht nicht so „Buchreligion" – die sich von blosser Fantasiekommunikation unterscheidet? dass in „gemeine" Kommunikation Akommunikation einbricht? Sonst meint Obligation Verpflichtung, Verantwortung.

25.02.2520

Gott, die Änigma, ist der globale Gott, ist die globale Göttlichkeit aller: von Christen, Muslimen, Juden, Buddhisten, Hindus (Christinnen, Muslima, ….), Atheisten, Agnostikern – und so weiter. Gott, die Änigma, spricht die Wahrheit: Philosoph, du bist Philosoph, Philosophin und zwar mit dem Auftrag, begreife diesen Planeten, dein Leben und Sterben und das Leben und Sterben der kommenden Generationen als Obligation (Verpflichtung, Verantwortung) – denke sie nicht nur, stelle sie her, nimm sie nicht nur wahr, *mache* sie wahr.

24.02.2520

Was sag ich meinen aufgeklärten, dennoch religiös erzogenen Kindern, wenn religionswissenschaftlich und religiös unaufgeklärte Muslime zur Hadsch gehen, Christen Weihnachten, Ostern und Himmelfahrt feiern und Juden Tiere schächten und Moses zitieren Erstens sage ich, um es einfach und vereinfacht zu sagen: es gib zwei Wahrheiten: die gläubige und die aufgeklärte – auch in der religiösen Form: es gibt die unaufgefklärte und die aufgeklärte Form von Religion. Die eine Wahrheit oder Pseudowahrheit entspricht der Innenansicht dieser Gläubigen, die sich alle je in ihrer Überlegenheitsekstase den anderen abrahamischen, aber auch asiatischen Grosssekten gegenüber überlegen und im Besitz der richtigen Wahrheit wähnen – und so tun wir das auch – unser Gott, unsere Göttlichkeit, ist die Änigma, der *wirklich globale* Gott von allen Menschen und Grosssekten-Angehörigen (Christen, Muslimen, Buddhisten, Hindus, etc.), egal, was sie glauben oder nicht glauben.

24.02.2520

Die postabrahamische Aufkärung dieser „Pseudowahrheiten" schafft die Wahrheit an den Tag – die beginnt bei den Juden mit der Tatsache, dass es Moses so nie gegeben hat. Und bei den Muslimen, – ihr 114 Suren-Koran ist eine redigierte Version, frühere Versionen wurden vernichtet – wird auch dieser fiktive Moses wieder auferstehen. Teilweise kopierten sie das Jüdische Testament, bildeten die Redakteure des Korans nicht eine kreative abrahamische Eigendichtung in Arabisch (eine revolutionäre Befreiung von der Rückständigkeit gegenüber den zwei „Buchreligionen" – die bis heute besungen und gefeiert wird in überlegenheitsekstatischer Manier) – bei den Muslimen ist zu sagen, dass es die echten, die „testamentarischen" Muslime nicht gibt – nur während der Lebenszeit Mohammeds gab es sie – , dass die aktuellen Muslime *in einer falschen Spaltung und Sackgasse* die Zerstörung des letzten Willens und Wortes ihres Religionsgründers und Gottes leben – dieses *testamentarische Wort* lautet: seid zusammen, seid eins, trennt euch nicht., Auch bei den Christen gab es nur während der Lebenszeit Jeshuas und kurz danach in der Form der Ebioniten „originale" Christen (das waren vor allem Juden). Die Paulinische Version schaffte es sogar sich an die Stelle der „Urchristen" zu setzen, an die Stelle der Ebioniten, die die nahestehende Rückkehr ihres Messias und des Reiches seines Gott-Vaters erwarteten – auf Schrift und Archiv verzichteten sie – denn die „Zeit ist nah" – das wurde ihr Verhängnis, aber auch das des Christentums überhaupt – so wurden und sind die Paulinisten bis heute die Herren über Schrift und Archiv ihres Glaubens – mit wenigen religionsphilosophischen und -wissenschaftlichen Ausnahmen (lange vor Nietzsche). Der Hadsch ist ein Missverständnis und ein machtpolitischer Kompromiss (siehe mehr dazu in Über die Anfänge 4), der vorabrahamische Kulturort wurde einfach umfunktioniert in den abrahamischen Kontext, Mekka zum „Haus Abrahams" umgeschrieben wie neu geschaffen. Die Unterstützung der mohamedanischen Sekte durch Mekkas mächtigen Hausherren und Clans garantierte ihren Erfolg, predigenden wie mlitärischen, und sie verdankten sie nicht zuletzt dieser kreativen Umschreibung nicht nur abrahamischen, sondern auch „heidnischen" Vorlagen – Das letzte Wort: *„Gott der Erhabene spricht* (lies: akommuniziert) *die Wahrheit"* mag das Wort der Änigma sein – dabei bleibt bis heute unklar, wo im Koran die Akommunikation aufhört und die Kommunikation anfängt, sicher ist, dass Mohammeds und Allahs Testament zerstört bleiben werden wie bei den Christen (Paulinisten) fast alle Testate der Ebioniten.

24.02.2520

Über Copy, Paste und Irrtum in Abrahamischen Grosssekten.

23.02.2520

Zur Geburt auf die Übunte, Arche-Übunte, und zum Sterben auf dieselbe Übunte – so dass du den zwei grossen Zyklen am nächsten wirst und bist – dem schier zeitlosen des Wassers, das im ganzen All zu finden ist, der im ganzen All existiert, und dem endlich-unendlichen Zyklus des Lebens und Sterbens und Lebens.

22.02.2520

Die Rolle des Wassers für das Leben und Sterben in der Änigmatischen Bewegung: von der Weihe zu Beginn des Lebens am Fluss (See oder Meer) zur Kehre, zur Einkehr, zur Rückkehr in Tiefe Gewässer.

22.02.2520

Weihe statt Taufe und Wasser zu Wasser statt Erde zu Erde, Staub zu Staub.

21.02.2520

Zwischenbemerkung zu Hetero-, Homo- und Queersexualität – Mann und Frau als Kontradiktion? Setzt Heteronormativität die kontradiktorische Differenz Mann und Frau voraus? Wieso „kontradiktorisch"? Wieso nicht komplementär? Symbiotisch? Teils oder zeitweise unterschiedlich, teils indifferent, identisch? Sind die Voraussetzungen wirklich so bedingungslos, wie hier unterstellt wird? Ist „Kontradiktion"nicht eine Ableitung und Verschärfung von „Differenz"? Nur bei den Hegelianern läuft Differenz auf Kontradiktion hinaus, bei den Dekonstrutivist*innen läuft Kontradiktion auf Differenz hinaus…- und ja, evolutiv, hat sich aus dem Mensch eine Männlich-Weiblich-Differenz als relativ stabil und mehrheitlich und, was für die soziale Evolution wichtiger ist: reproduktionsfähig ausdifferenziert. Mit Deleuze gesprochen – innerhalb eines Differenzierungs- und Kontingenzspektrums in dem sich – ebenfalls relativ stabil – auch homosexuelle und queere „Differenz" ausdifferenziert.

20.02.2520

Lacans „der grosse Andere" („A") ist die Änigma. Sie ist „die grosse Andere" des „grossen Anderen" – und weniger klar ist die „Grösse" ihrer Rolle in unserer Genesis.

19.02.2520

Und wenn ihr betet, dann ein änigmatisches „Gebet" – Sprechlied oder Liedgedicht, über eure Auserlesenheit, nicht nichts zu sein, und die Rätselhaftigkeit der Änigma: die Erste Philosophin von uns Philosophen und Philosophinnen….Auf dass ihr euch nicht irgendetwas Schräges einbetet: „vergib mir meine Schulden" – redet sich schon der paulinisierte Knirps ein – die schräge Indoktrination der paulinischen Grosssekte beginnt früh….

18.02.2520

„postabrahamische Aufklärung" kommt nach Adorno, nach Marx, nach Hegel, nach Nietzsche, nach Derrida, nach Butler…

18.02.2520

„Änigmatische Bewegung" kommt nach Luther, nach Augustinus, nach Paulus, nach Jeshua, nach Mohammed (sunnitischer, shiitischer), nach Moses (früh als fiktiv entlarvt), nach Buddha, …

17.02.2520

Statt den Begriff „Urchristentum", den die paulinisch beeinflusste Christentumsgeschichte verwendet, wird hier der Begriff „Originalchristentum", der von der postabrahamischen Aufklärung beeinflusst ist, bevorzugt.

16.02.2520

Isenheimer Altar (um 1515 n. Chr.) – Darstellung des gekreuzigten Jeshua (lange die grösste, imposanteste ihrer Art), legendäre Figuren umgeben ihn: Johannes der Täufer (angeblich vor Jeshua hingerichtet) mit dem Jüdischen Testament in der rechten und mit dem Zeigefinger der linken auf den Greuzigten zeigend… seht Papier-Juden, dort schreibt sich (malt sich) eurer Testament „leibhaft" und „leidend", statt bloss auf Papier, weiter….; Maria Magdalena darf nicht fehlen…. sie sehen hier das, womit diese Leute indoktriniert wurden. Sie sehen hier die paulinische Geschichtsklitterung des tatsächlichen Todes des historischen Jeshua – so oft diese Szene auch gemalt wurde, sie entspricht nicht den Tatsachen. Die Ebioniten, die Originalchristen, erschraken über die paulinische Deutung des Todes ihres Jeshua.

16.02.2520 (2)

Das heutige „Jesus"-Bild ist massgeblich vom Mittelalter geprägt (Dominanz des Kreuzsymbols, etc.): das ganze Gekreuze hat mit dem historischen Jeshua so gut wie NICHTS zu tun (Quellen: die wenigen direkten und indirekten Ebioniten-Quellen, die sich über die paulinische Kreuztod-Deutung entsetzten; Archäologie der Originalchristentums, die statt Kreuz, ganz andere Symbole entdeckte (Sonne, Fisch, Hirte); „Apokryphen")

15.02.2520

Gott, die Änigma, ist die Befreiung, ist Freiheit.

14.02.2520

Weil wir in einer Welt mit änigmatischer Dimension zur Welt kommen, ist uns ein „Sinn" für diese Dimension inne („eingeboren"). Deswegen können nicht Kommunikationen, nur Akommunkationen andere Akommunikationen ersetzen – kann eine „rein" kommunikative Philosophie Religion nicht ersetzen. Religiöse Korankritik, religiöse Christentumskritk, religiöse Buddhismuskritk, religiöse Hinduismuskritik kann die Herzen, die Sorgen, die Ängste, die Wünsche berühren – areligiöse Religionskritik, rein kommunikative Religionskritik kann das nicht. Die Änigmatische Bewegung ist nicht nur Religionskritik, sie kann durch ihren akommunikativen Gehalt (das) Religiöse ansprechen, sie spricht eine religiöse Sprache, Sie ist Philosophie und Religion – sie „verehrt" jedoch nicht blind die Änigma, die Änigma weist uns an, „Philosoph" zu sein und über unsrere Existenz und Existenzgrundlage „Obligation" zu walten, uns in die Verantwortung für uns und unsreren Planeten zu stellen, gestellt und geboren zu sehen, soweit ich ihre Akommunikation verstehe. Wir kommen also nicht einfach so, sondern in die Welt gestellt zur Welt, wir bringen die änigmatische Dimension durch unser Leben ins Leben.

13.02.2520

Radikales Philosophieren läuft auf Akommunikation hinaus, nicht von einem radikalen Argument auf ein radikaleres.

12.02.2520

Vielleicht sind die Akommunikationen Rücknahmen (also nicht: Aufhebungen), folgen sie einer Folge von Expositionen, die zurückgenommen werden. Ist „Philosoph, Du bist Philosoph" die Rücknahme aller vorhergenden Akommunikationen von ihr – das, was für sie die Aktualtität und Quintessenz von allen Akommunikationen enthält. Zeitweise betraf das die Koran-Akommunikation als aktuellste Exposition – wenn denn die Akommunikation von Mohammed nicht mit Inspiration verwechselt wurde. Das bedeutete (eine

Hypothese): Die mir vermittelten Akommunikationen enthalten eine Rücknahme und Essenzialisierung aller vorhergehenden – auch der buddhistischen und hinduistischen Akommunikationen.

11.02.2520

Von „radikal" zu sprechen bezüglich Änigma, ist paradox – da sie die Radikalität, die in unserer Welt möglich ist, entweder transzendiert oder nicht erreicht. Sie kann nicht so radikal irdisch sein, wie Irdische (sie lebt, trinkt, isst, fäkalisiert und sie stirbt nicht wie wir), sie kann viel radikaler als Irdische sein, dann aber geht der Begriff aus unserer Genesis, aus unserer Welt, in ihre über – dann wissen wir nicht mehr, wovon die Rede ist.

10.02.2520

Die einzige „Religion" die mit Wissenschaft und Aufklärung kompatibel ist ist die Änigmatische Bewegung. Sie hat die Kraft, „Muslima" und „Christen" aus ihren Buch-Zwingern zu befreien. Aus den fundamentalen Irrtümern des historizistischen Islams und des paulinisierten Christentums.

11.02.2520

Ich zwing euch in mein Buch-Gefängnis, bevor ihr mündig werdet, schnitze ich mich in euer Fleisch in dem ich etwas von eurem Fleisch wetschnitze. Schön brav drin bleiben, schön brav beten, ich, Abrahams Gott, sehe genau, was ihr tut und nicht tut. Die Kontrolle ist absolut, Big Brother is Watching you – allerdings nur für die, die in diesen Club eingetreten sind (die anderen sind eh verloren, heissen „Ungläubige" so wie die Christen die anderen Heiden nannten....)(. Zudem fehlt hier jegliche demokratische Gesinnung – es ist die Unterordnung unter denjenigen, der ihnen den Tod und das Nichts androht, und der der ihnen verspricht, wenn ihr euch mir unterordnet, wenn ihr gehorsam in meinem Zwinger bleibt, winkt euch die Freiheit, das wahre Leben, allerdings erst im Jenseits. Das ist die „einfache Message" des heutigen Islam. Die versteht der einfache Arbeiter, die Putzfrau, aber auch der Herr Doktor, die Direktorin.

09.02.2520

In den abrahamischen Büchern steht der pure Wahnsinn, Seite auf Seite – und es ist kein gutes Zeichen, wenn diese antiken Wahn-Ideologien mit ihren auf Expansion und Rattenfängerei ausgerichteten Überlegenheits-ekstasen und rhetorischen Indoktrinationen, die rhetorisch mit Peitsche und Zuckerbrot operieren, in unseren Universitäten „gelehrt" und „gelernt" werden (und zwar so, dass man ihren Wahnsinn und ihre Gewalttätigkeit versittlicht, reduziert, unterdrückt, relativiert) – solche Religionsdeologien, die einen provinziellen Universalismus feiern, haben an Universitäten nichts zu suchen, ausser als Objekt von (postabrahamischer) Religionswissenschaft, Religions-soziologie, Religionshistorie, u. dgl.. Sie gehören ausgelagert in staatlich kontrollierte Religionsfach-hochschulen.

09.02.2520 (2)

Die einzige Religion, die würdig ist einer modernen, Wissenschaft und Aufklärung verpflichteten Universität anzugehören (zu etwas anderem sollte eine Universität nicht verpflichtet sein), ist die änigmatische, die globale Religion der Göttlichkeit (oder Göttin), die hier Änigma heisst. Dabei kann sie der philosophischen Fakultät angehören oder die philosophische, religions-wissenschaftliche, theologische, historische und mathematisch-theoretisch-physikalische gehört dem Fach Änigmatologie an.

08.02.2520

Wenn ihr für mich mordet, wenn ihr Schandtaten begeht an den Frevlern, an den „Ungläubigen", daneben aber ein treuer Befolger, Beter und Diener meiner Macht seid – dann werde ich, Gott Abrahams, eure schlechten Taten kassieren, annullieren, tilgen. Dann wird euch nichts geschehen im Jenseits – wo erst das „wahre Leben" beginnt. Amen. Viel besser kannst du ein Selbst- und Massenmordkommando „ideologisch" nicht ausstatten.

07.02.2520

Die Sure 29 beschreibt am ausführlichsten den Akommunikationsvorgang… die Vorstellung, dass die Änigma aus ihrem himmlischen Buch [tatsächlich die Projektion Mohammeds und damaliger Redakteure] einen ausgesuchten Menschen akommuniziert."**Trag vor, was dir aus dem** [himmlischen] **Buch** [in den Koran] **eingegeben wurde, und verrichte das Gebet!**

Siehe, das Gebet hält vom Schändlichen und vom Verwerflichen ab. Doch das Gedenken Gottes ist wahrlich noch bedeutender. Gott weiss, was ihr tut. Streitet mit den Buchbesitzern [d.h. Juden und Christen, die ebenfalls vom abrahamischen Gott akommuniziert wurden – hier dringt der Stolz des „neuen Buchbesitzers", der neuen abrahamischen Überlegenheitsekstase durch – nach Jahrhunderten vorgespielter, vorgeführter Überlegenheit dieser „Buchbesitzer" gegenüber der „heidnischen" Vielgötterei der Araber revolutioniert und befreit Mohammed mit einem göttlichen Genie-Schlag diese aufsteigende arabische Mittelschicht, seine Landsleute aus dieser Misere, macht aus erlebter, empfundener Abwertung die schon lange erwünsche Aufwertung und Gleichstellung, aus eingeredeter Minderwertigkeit arabische Überlegenheit in Rede und Tat….] **nur auf schöne Art, doch nicht mit jenen von ihnen, die freveln.** [Da ich Akommunikationen durch das Änigmatische erfuhr, streite ich mit denen auf schöne Art, die ebenfalls an Akommunikationen glauben – obwohl sie nur an sie glauben können, ich sie wissen muss] **Sprecht: „Wir glauben an das, was auf uns herabgesandt und was auf euch herabgesandt wurde. Unser Gott und euer Gott sind einer. Ihm sind wir ergeben."** [Kurzum, die Änigma akommuniziert uns Menschen – euch hebräisch, uns arabisch – egal: sie ist eure und unsere Göttin, Gottheit – ihr sind wir ergeben. Allerdings war für diese Araber Gott der abrahamische Gott – es gab keine bessere, keine ersehntere, erwünschtere Alternative – schon Mohammeds Grossvater war beeindruckt, beneidete die Juden und Christen um den Besitz und die Kultur ihrer „höheren" „Buchreligion", Mohammed schrieb die Akommunikation in die judäo-christliche Vorlage – es gab kein grösseres religiöses Bedürfnis, als sich mit einem eigenen „Buch" an diese Buchbesitzer kongenial anzuschliessen und das hiess somit an eine „Religion", die ihren Gläubigen, die den Menschen das Übel der Erbsünde, nebst „sündhaften Taten" und, im Koran deutlicher als bei den Vorgängern, die Nichtigkeit des Lebens und Nachlebens, unterstellt: eine Misere des „endlichen" Lebens, die nach Weltfluch und Weltflucht schreit – so dass sie nur ihr Gott, wenn sie ihm gehorchen, wenn sie ihm treu sind, wenn sie seine Gebete befolgen und seine Koran-Verse anbeten, erlösen, tilgen, aufheben und in einen Himmelzugang umwandeln kann: er kann also das Nichts und das noch schlimmere als Nichts, das sonst, **das ausser ihm**, droht, VERGOLDEN, VERSÜSSEN, VERSCHONEN, VERSCHÖNERN – und zwar EWIG….] **Also sandten wir das Buch auf dich herab. Jene, denen wir das Buch gegeben haben, glauben daran.…**[Hier wird die Illusion erzeugt, dass der Koran wie ein Stück aus dem Himmel auf Erden akommuniziert wurde – dass der Koran nicht vor allem Kommunikation, sondern reine Akommunikation ist – eine der Grund"lügen" und Falsch-Illusionen des historizistischen Islams – tatsächlich wurden ältere Fassungen des Korans zerstört, wurde das Schriftwerk kompiliert, Und ausserdem ist der testamentarische Wille des Korans, der Letzte Wille, das Testament, dass es keine Trennung geben darf und geben soll unter den Gläubigen ebenfalls zerstört worden: dass es Shiiten und Sunniten (etc.) gibt, ist eine „lebende Lüge", ist die zur Realität gewordene Lüge, ist die ewige Mangelhaftigkei, Verirrung und Grenze dieses „historizistischen" Islams, ist ein real existierender Hohn auf den „testamentarischen

Islam"}. **Allein die Ungläubigen bestreiten unsere Zeichen.** [Rationalisten, Materialisten glauben nicht an Akommunikationen, leugnen Akommunikationen, zweifeln an der Möglichkeit von Akommunikationen) .... **Die Zeichen** [damit gemeint sind auch transphysische Wunder, das, was die Überlegenheitsekstase der Christen ausmacht – der Koran verweist sie hier allein zu Gott, spricht sie Menschen ab] **sind allein bei Gott und ich** [Mohmmed] **bin nur ein klarer Warner** [und, eben nicht, wie bei den Christen der Jesus/Christus, ein Halbgott: hier wird nochmals die Abgrenzung zu den Christen markiert] **Genügt es ihnen nicht, dass wir** [dieses „wir" ist interessant: es müsste ja der „eine" Gott damit gemeint sein] **auf dich das Buch herniedersandten, damit es vorgetragen werde?"**.....

Wer lies herab vom Himmel Wasser fliessen, dass er damit belebe die Erde nach ihrem Tod? So sagen sie: Der eine Gott. Sprich: Lobpreis sei Gott. Doch die meisten von ihnen begreifen nicht. Dieses Leben hier auf Erden ist nur Zeitvertreib und Spiel, denn nur das Jenseits ist das wahre Leben. Wenn sie es doch nur wüssten!" (64 – siehe oben die Anmerkung zum „vergolden" Können des „nichtigen" Lebens und Nachlebens, das für „die Ungläubigen" ausserdem mit Horror, mit Hölle in Aussicht gestellt wird, allein durch den abrahamischen Gott) .... **Wer ist frevelhafter wohl als jener, der Lügen gegen Gott ersinnt oder die Wahrheit Lüge nennt, nachdem sie zu ihm kam? Ist denn nicht in der Hölle eine Wohnstatt für die Leugner? Doch die für uns streiten, die wollen wir auf unseren Weg leiten. Denn siehe, Gott ist fürwahr mit denen, die Gutes tun."** (Ende).

06.02.2520

Plötzlich stehen die Random, die ach so intelligenten Philosophie-Kartenhäuschen, mit kurzen Hosen und abgegrabenem Wasser da. Wirken ihre Bücher wie Kinderspielzeug, das Menschen, werden sie erwachsen, beiseite legen (Heraklit).

05.02.2520

Für den Anfang wurde über Luther genug gesagt, genug kritisiert in *Über die Anfänge* – reformiert man, reformiert mensch die Reformation zu Ende, kommen die Ebioniten und ganz andere Resultate, als sie der Paulinismus glaubte und predigte, heraus (Kein Anti-Judaismus, dafür fehlte die Zeit; Nächstenliebe, weltlich bereits enthoben, als Endzeit-Liebe; kein Kreuzigungs-Märtyrium, sondern Erwartungsenthusiasmus,; keine Erbsünde, sondern Auszeichnung, Auserlesenheit, und zwar vor allem der jüdischen Männer („verlasst Weib und Kind"), usw.) – kurzum, je mehr religionswissenschaftliche Kritik und religionshistorisches Verständnis hinzukommt, desto mehr wirkt diese abrahamische Sekte wie aus unserer Zeit gefallen, desto deutlicher wird die verwischte, vernebelte) Distanz die diese zur Grosssekte gewordene abrahamische Kleinsekte zu uns einnimmt. Wir sollten sie ins historische Archiv und zurück in ihre Zeit, in ihre nahöstliche Region stellen. Die Änigmatische Bewegung wird das in den nächsten Jahrzehnten oder Jahrhunderten auch tun – da bin ich so sicher, wie eine Akommunikation der Änigma sicher ist.

04.02.2520

Mit dem akommunikativen Bruch Druck auf die akademische Philosophie(kommunikation) erzeugen. Philosophie des Gespenstes wird zum Gespenst für die(se) Philosophie, die meinte Religion beseitigt oder überwunden zu haben – jetzt plötzlich hat sie sie im Nacken, entsteht sie in ihrer Mitte, bricht die Grenze, die Mauer zwischen Philosophie und Religion und Religion und Philosophie zusammen.

03.02.2520

Die Kant-Lektüre war nicht sinnlos. Zu Aristoteles, Spinoza, Kant, Hegel, Nietzsche, Derrida, Heidegger und (zeitlich) neuere Autoren u.a. Robert Brandom sollen je eigene Bücher zu *Über die Anfänge* hinzukommen.

02.02.2520

Unsere Kritiker: Ganz gross ist die Liebe der Änigmatischen Bewegung für die links-aufgeklärte, politisch korrekte Type. Sich links-aufgeklärt glaubende Type, eventuell mit einem Universitätsabschluss in Soziologie, Biologie oder Philosophie, die sich verpflichtet fühlt, nicht nur alte Religionen, die auf Akommunikationen bauen, sondern überhaupt Akommunikationen, erst recht sprachliche Persona-Akommunikationen („Erleuchtungen") für Unsinn, für nicht möglich, für „reine Erfindungen" oder „Einbildungen" zu erklären. Es wäre zu ungeheuerlich für das materialistisch-rationalistische Kartenhaus – es bräche eine sich richtig wichtig glaubende Identität zusammen – wenn es anders wäre: ES DARF NICHT ANDERS SEIN – ist deswegen sein Credo. Eine kurze Phase meines intellektuellen Bildungslebens war ich wahrscheinlich auch von diesem Typ. Allerdings musste diese kurz gewesen sein, weil die Synchronizität kaum einmal in Vergessenheit geriet, wegen deren Erfahrung ich ohne Abitur an die Universität an Kant-Vorlesungen ging und einen Fehler in der *Kritik der reinen Vernunft* zu suchen, nicht zu finden oder zu erfinden, hatte. Etwas lief mit Zeit und Raum komplett anders als in Kants Kategorienlehre, das wusste ich, das erfuhr ich. das musste ich nicht auf Papier nachlesen.

01.02.2520

Kulturell gemachte „Religionen" sind deshalb bereits „Sekundärprodukte", primär sind wir änigmatisch-religiös, sekundär werden wir zu „Buddhisten" oder „Muslima" gemacht.

30.01.2520

Änigmatische Religion ist eingeboren, sie entspricht einer eingeborenen Erwartungshaltung, die die änigmatische Dimension unserer Genesis, unserer Welt mit sich errichtete. Wir kommen also nicht zur Welt und dann irgendwann zu dieser oder jener Religion, sondern änigmatisch-religiös zur änigmatisch-religiösen Welt (wie weit ist das spinozistisch?)

30.01.2520

Es gibt für die Menschheit befreiende Wahrheiten (formuliert in Sätzen), auf die sie wie „ewig" wartete.

29.01.2520

Philosophia perennis: Die änigmatische Philosophie und Religion führt Derrida und Heidegger, aber auch Kant und Hegel an ihr Ende, an ihre Grenze. Sie geht über diese hinaus. insofern ist sie die wahre „Philosophia perennis et universale" – weil das ohne auf tönernen Füssen und mit eitlem Glockengeläute zu sein – auf akommunikativer Grundlage, die diesen Philosophien fehlt.

28.01.2520

Dabei ist das Wort „vielleicht" vielleicht zu betonen.

27.01.2520

Macht Gott, die Änigma, ähnlich wie die Natur unserer Genesis eine Evolution durch – dann sind die letzten Akommunikationen, über die ich zu berichten habe, der momentane Höhepunkt, und alle vorhergehenden Akommunikationen die u.a. im Buddhismus und Abrahamismus erfolgten, sind Vorstufen, aufgehobene oder ungültig gewordene Vorstufen in der akommunikativen Evolution der Genesis der Änigma und ihrer in unserer Welt verbreiteten Akommunikationen. Vielleicht macht sie jedesmal, wenn sie unsere Welt akommuniziert, mit ihren vorhergehenden Akommunikationen „Tabula rasa", ist sie „radikal".

26.01.2520

Es gibt auch Optionen jenseits von Entweder-Oder. Leute, die die Änigmatischen Akommunikationen, von denen ich berichte, als Bereicherung und Ergänzung in ihr Welt- Wissens- und Glaubensbild einbauen. In ihre Lebens- und Sterbensphilosophie, in ihre „private" Religion.

25.01.2520

Jene, die meinen, die Änigmatische Bewegung sucht Anschluss an die alten Religionen, täuschen sich. Es ist umgekehrt.

23.01.2520

Für Materialisten bin ich eine Katastrophe (oder eine Befreiung), die erste Kategorie wird ihre gesamte materialistische Intellektualität in Bewegung setzen, um meine Sendung, meine kommunizierte Akommunikation, aus der Welt, aus ihrer rein materialistischen Welt, zu schaffen (Es wurde bereits einiges versucht – die Psychologisierung und Psychiatrisierung gab sich bereits einige Mühe. Totschweigen und Permingieren verspricht momentan mehr Erfolg). Für die Anhänger der alten Religionen sind die kommunizierten Akommunikationen, die nicht „meine", aber von mir vermittelt sind, auf ganz andere Weise eine Katastrophe (oder eine Befreiung). Der „akommunikative Bruch" bewirkt (früher oder später) die Implosion einer alten Opposition, die zwischen Altmaterialisten und Altreligiösen (und ihre Auflösung, ihre Befreiung).

22.01.2520

Aus ihrer Ahnungslosigkeit bezüglich Gott machten (erfanden, fantasierten) die Altvorderen vorsichtshalber seine Allmacht. Das drückte auch die Erkenntnis aus, dass es neben der Potentialität unserer Physisteme physische und potentiell physistemische Potentiale gab, die wir nicht erreichten, nicht besassen. Wohl aber in der Imagination uns ausmalen konnten. So malten sie sich auch ihren Gott als „die" Omnipotenz aus.

21.01.2520

Für die Heidegger für die Derrida, aber auch für Lutheraner und andere aus dem Raum antiker Religionen, sorgen die Akommunikationen der Änigma dafür, dass ich deren Traum und Alptraum zugleich sein muss (bin). Wir können den Verdacht äussern, dass Akommunikationen den Gehalt von „eisernen" Naturgesetzen haben, dass Parasynchronizitäten deshalb „vollkommene" Differenzen, die sich als vollkommene Identitäten raumzeitlicher Zukunftsantizipationen (oder: „späterer Gegenwartsantizipationen") ausweisen, erzeugen – und zwar träumen und erleben wir sie nach Gesetzen, die unseren „Naturgesetzen" nicht nachstehen, im Gegenteil. Bereits die alte Theologie mutmasste, dass ihr Gott über den Naturgesetzen steht: er könne sie umcodieren und sich in sie einschreiben, wie er wolle – er sei allmächtig. Nach änigmatologischer Auffassung, folgt die Änigma ihren eigenen Naturgesetzen, verkörpert die Änigma die Gesetze *ihrer* Natur. Sie steht nicht über ihrer Natur, sie steht in ihr, sie verkörpert ihre Natur, sie ist die Natur ihrer Genesis – in gewisser Weise (und in gewisser nicht) verbindet und kreuzt sich die Natur ihrer Genesis mit der Natur (mit den Naturgesetzen) unserer Genesis.

20.01.2520

Wovon andere schweigen sollten, davon kann ich sprechen. Was andere nur glauben können, das kann ich wissen (muss ich wissen).

19.01.2520

Der Mensch ist Lebewesen gewordene Obligation und Philosophie.

19.01.2520

Weltliches Handeln ist durch die Änigmatische Bewegung eindeutig religiöses. Es gibt keine Weltflucht (Gründe dafür) und keinen Weltfluch. Das unterscheidet die Änigmatische Bewegung von den alten Religionen.

19.01.2520

Denke nicht, dass Thurnberg von der Änigma und ihren Akommunikationen weiss, es aber später erfahren wird.

18.01.2520

Greta Thunberg und ihre FollowerInnen handeln änigmatisch (ohne dass sie akommuniziert wurde von der Änigma – oder wurde sie?)

17.01.2520

Die Akommunikation „Obligation" und „Philosophie" deute ich so, dass die Änigma sagen will: Ihr habt Verantwortung für euch, ihr habt die Verantwortung für den Planeten – handelt weise, handelt wissend, handelt philosophisch. Sie appelliert an uns.

16.01.2520

Wir sind das auserlesene Lebewesen dieses Planeten, das Akommunikationen der Änigma erfährt. Auf die Auserlesenheit, geboren zu werden, kommt die Auserlesenheit – zu „Obligation" und „Philosophie" -, erleuchtet zu werden dazu. Das ist fantastisch. Christen und Muslime rechnen sogar die Zeit nach einem der ihren, der von Gott (Sie glauben: vom Gott Abrahams) akommuniziert wurde. Zieht die änigmatische Dimension den ganzen Planeten ein, betrifft das auch andere, wir sagen „tierische" Physistemen (Lebewesen), sie sind vom „Wunder der Auserlesenheit" nicht ganz ausgeschlossen, deswegen macht auch die Differenz Mensch/Tier beschränkt, nicht ganz Sinn.

15.01.2520

Um Gott, der Änigma, äusserlich ähnlich zu sein, sehen wir einfach zu affenähnlich aus. Das hatte bereits Heraklit erkannt. Darwin führte 2500 Jahre später den Beweis für die Ähnlichkeit zwischen uns und Affen, es steckt mehr Homologie als Analogie in uns und ihnen. Heute wissen wir, der Genpool des Schimpansen, der schimpansogenen Physisteme kommt der humanogenen Physisteme am nächsten. Aber bereits die Pionieraufklärung erkannte vor 400, 450 Jahren in der Anatomie – nachdem das bereits in der Antike erkannt wurde -, dass viele Organe des Menschen mit denen von Tieren übereinstimmen (Leber, Herz, Rippe, usw.) – Sie retten ihre Seele und das Christentum, in dem sie nur den Menschen von Gott „angehaucht" betrachteten, Sie retten auch die Differenz Mensch/Tier damit. Wir könnten statt „angehaucht" heute „akommuniziert" sagen.

14.01.2520

Viele meinen, eine Akommunikation enthalte ein Versprechen oder eine Drohnung, jedenfalls eine Verkündigung. Vielleicht ist das völlig oder weitgehend falsch.

13.11.2519

Sollte in anderen Religionen der akommunikative Gehalt auslöschen – in der Änigmatischen Bewegung brennt die Flamme „ewig".

12.11.2519

Dass sie in deutscher Schriftsprache „Philosophie oder Philosoph. Du bist Philosoph" akommunizierte, spricht für eine gute historische Ein -und Wertschätzung des Deutschen bezüglich der Verdienste in Philosophie.

11.11.2519

Vermutlich kann die chameleoneske Ängima in einem ganz anderen Sonnensystem des Universums wie Delta-D mit Delta-D kommunizieren, so wie in unserem mit uns als „kommunizierender Quasi-Mensch" (in einer unserer Sprachen, sogar Schriftsprachen: Ägyptisch, Griechisch, Hebräisch, Aramäisch, Arabisch und Deutsch – Deutsch ist die ingeniöseste moderne Philosophiesprache der Welt neben, teilweise vor Französisch und Englisch.

10.11.2519

Lösen Sie sich von der anthropomorphen Vorstellung, Gott, die Änigma, sei ein Mensch, ein Menschenähnliches, ein Sultan der Sultane oder ein Oberrichter, das alles sind Vorstellungen aus der Suppe unseres Planeten geschöpft, aus dem Teich unserer Genesis, aus dem Sumpf unserer Geschichte – hat mit ihrer Genesis nichts zu tun.

09.11.2519

Das Höchste – Involutionen, physische aussersprachliche Wunder wie Synchronizitätsakommunikationen ausgeklammert -, was die Änigma in unserer Genesis kann, ist uns *auf unsere Kommunikationsart* zu akommunizieren. Das Höchste, was wir in unserer Genesis bezüglich der Änigma können, ist, über ihre (selbst erlebten) Akommunikationen zu kommunizieren (ein Jesus, der sagt: ich habe gesehen, ich habe gehört, sagt nichts anderes als: ich bin akommuniziert worden). Beides deutet auf eine Trennung zweier Welten, auf eine ontologische Trennung zwischen ihrer und unserer Genesis hin. Der akommunikative Bruch bricht diese Trennung auf.

08.11.2519

Über Gott kann man sprechen, aber nicht wie Gott. Über Gott, die Änigma, können wir nur kommunizieren, akommunizieren kann nur sie uns.

07.11.2519

Der akommunikative Bruch wird seine Spur ziehen. Dort, wo er sie hinterlässt, ist nichts mehr wie zuvor.

06.11.2519

Metaphysik, ohne akommunikativen Bruch, ist nur intellektuelle Kommunikation, Philosophie sei „*nur Menschenwerck*" hiess es bei Luther, unterstellend, sein Paulinismus sei durch und durch Gotteswerk (daran glaubte er wirklich). Änigmatische Philosophie-Kommunikation, Änigmatologie bezieht sich auf Akommunikationen der Änigma.

05.11.2519

Die Änigma setzte immer noch auf junge Männer – in meinem Fall: auf ein Kind -, aber *sie vermittelte sich noch nie so stark selber (wie sieht ihre nächste Verkündigungsstufe aus? Richtet sie sich über BBC und CNN via Teleprompter direkt an die ganze Menschheit? Warum akommunizierte sie mich und nicht eine Zeitungsredaktion? Könnte in tausend Jahren eine Frau akommuniziert werden?)* ihr Medium war ein Zehnjähriger, der ihre Erwachsensprache nicht verstand, noch weniger den ganzen Akommunikationsvorgang, und ihn während über 30 Jahren „vergas". Das ist höchste Reduktion, das Kleinstmögliche von „Prophetie" für Mensch (Kind) und Verstand (ABC-Schüler): reduzierter, minimalisierter, wäre kaum gegangen – -diese reduzierte Akommunikation schafft keinen typischen erwachsenen „Propheten" – etwas über dreissig – mit einem persönlichen Auftrag – sie vermittelte dem Jungen – ihrem kindlichen Medium – , der es noch nicht richtig verstand: „Philosoph. Du bist Philosoph" (übersetzt: Du wirst Philosoph: Du wist etwas, was du noch gar nicht kennst – ich, Änigma, kenne es....deine Zukunft...). Also: nicht: Du wirst Prophet – aber auch nicht: Christ, Muslim Buddhist, Hindu, usw..

04.11.2519

„Philosoph. Du bist Philosoph." – deutsche Schriftsprache mit latinisiertem Fremdwort vermischt sich, synthetisiert sich vor den Augen eines Zehnjährigen mit änigmatischer Präsentierung und Präsenz im Raum und Tageslicht.

04.11.2519

Änigmatologisch heisst es heute: Metaphysik ist bloss Kommunikation, christologisch hiess es bei Luther: Philosophie sei *„bloss Menschenwerk"*.

04.11.2519

Der **akommunikative Bruch** entspricht dem Offenbarungsgeschehen – den Akommunikationen – in den abrahamischen Religionen (Überlegenheitsekstasen). Sie alle speisen die Grundlage ihrer Religion, ihrer religiösen Kommunikation, aus „ihrem" akommunikativen Bruch.

03.11.2519

Göttliches bricht in die Philosophie ein, Philosophie in das Göttliche.

03.11.2519

Dabei bleibt das Göttliche, die Änigma, rätselhaft: wir wissen nicht mehr über sie, als sie uns akommuniziert, wir sollten deswegen den Göttlichkeitsbegriff zunächst nicht zu hoch ansetzen, sich vor überkommenen Vorstellungen von „göttlich" freimachen, Sie ist das Wesen und Wirken der anderen Genesis und der änigmatischen Dimension unserer Genesis – als Persona der Schrift (Philosoph, Obligation) und als entpersonalisierte Zeit-Raum-Dislokalität im erlebten Jetzt und Hier.

03.11.2519

Die Änigma designiert – beschreibt? – bestimmt? – offenbart? – Philosophie, den Philosophen, die Philosophin im Menschen zu ihrer „Wissenschaft und Religion"? Oder meinte Sie: Der Mensch – glaube: nicht nur ich – ist Zum-Philosoph-Sein geboren? Allgemeiner, grundsätzlicher, radikaler geht nicht: Wenn sich Leben und Wissen schaffen und bewegen wie ein Geliebtes, Wertgeschätztes, Geachtetes – dann erfüllst du deine änigmatische Bestimmung, weil du dann im änigmatischen Sinn Philosoph, Philosophin bist, sofern die Akommunikation „Philosoph. Du bist Philosoph" aus dem Jahr 2470 n.A. (ca. 1972 n.Chr.) eine Art Offenbarung unserer Bestimmung oder ihr performativer Akt war. Es vermischt sich hier deutsche Schriftsprache (mit latinisiertem Fremdwort „Philosoph") mit transzendenter Äusserung der Änigma.

02.11.2519

Wir wissen nicht, was „göttlich" heisst. Es heisst im Moment (dieser Moment kann ewig dauern) „änigmatisch".

01.11.2519

Metaphysische Revolution I. Aus änigmatischer Perspektive erhält Aristoteles „kinei de hos erómenon" (Met. 1072b) eine neue, vertiefte Bedeutung. (Das göttliche Seiende bewegt wie ein Geliebtes). Erstens: ... wie ein Autoerotisches (auto-éromenon). Zweitens: Aristoteles „göttliches Seiende" wird auch durch unsere Genesis auf ihre Genesis verwiesen, nicht nur: sie verweist in unserer Genesis auf ihre. Drittens: Es hat die Qualität sich uns als „kommunizierendes (Fremd-)Subjekt" zu apräsentieren. Das hat Aristoteles „göttliches Seiendes" nicht. Das war ein (vielleicht sogar DAS) Überlegenheitsargument, die wesentliche Abhebung der christlichen Scholastiker gegenüber der aristotelischen Metaphysik, nämlich dass ihr „Christo" (Jeshua) „personifizierter, Mensch gewordener Gott, Gott gewordener Mensch (Mann) sei – Subjekt in dem Fremd-Göttliches waltet (die Mutter Gottes, die Mutter aller Götter, die Änigma, spielt hier keine Rolle – es ist bloss von Sohn und Vater die Rede)

01.11.2519

Bei der änigmatischen Akommunikation ist die Änigma, ist Gott selbst, Person oder Persona, die kommuniziert (anders könnten wir sie nicht wissen – allenfalls könnten wir „staunen", vollbringt sie andere Wunder als uns ihre Akommunikationen zu vermitteln. Denken wir Sie uns als äusserst fremd (extrem andersgeneriert) und als wunderbar allein, dass sie es erreicht, uns kommunikativ zu erreichen.

01.11.2519

Metaphysische Revolution II. Der akommunikative Bruch in der Metaphysik. Aristoteles hatte nie akommunikative Erfahrungen mit der Änigma, Religion und Metaphysik sind deshalb „nur" kommunikativ bei ihm. Die Änigmatische Bewegung hat die Erfahrung einer als „Persona" schriftlich kommunizierenden Änigma (zum letzten Mal im grossen Stil hätte das Mohammed vor gut 1300 Jahren: der glaubte sich vom abrahamischen Gott akommuniziert, danach gab es einzelne Erleuchtete – bzw. Akommunizierte – von geringerer Wirkung, sofern es sich hierbei nicht um einfache Träume, Erdichtungen, Einbildungen, Autosuggestionen, Halluzinationen oder Lügengespinste handelte. Bezüglich des Genres rein kommunikativer Metaphysiken – Typus Arisotelische Metaphysik (Heideggers „Nur noch ein Gott kann uns retten" heisst änigmatologisch übersetzt: „Nur eine Akommunikation kann meine Metaphysik retten"), führt **der akommunikative Bruch**, Reentry und Dissemination der Akommunikation „Philosoph. Du bist Philosoph" zu einer radikalen Redekonstruktion dieser Art von Metaphysik, da sie von einer ganz anderen Grundlage ausgeht (ausgehen muss) – statt einer bloss kommunikativen, einer akommunikativen.

01.11.2519

Metaphysische Revolution III. Metaphysik muss oder kann fortan – die änigmatische Satzung als sicher vorausgesetzt – änigmatisch (göttlich, transzendent) sein, sonst ist sie bloss kommunikativ, sie operierte gleichsam „unter" ihrem Niveau.

30.10.2519

Wenn ihr glaubt, dieser Planet hat ein muslimisches Meer, einen buddhistischen Himalaya, ein christliches Jerusalem, ein hinduistisches Varanasi – dann ist das wohl falsch. Wenn ihr glaubt, die Meere dieses Planeten sind änigmatisch, der Himalaya ist änigmatisch, Jerusalem und Varanasi sind änigmatisch, der Planet ist Teil der änigmatischen Dimension, dann trifft das wahrscheinlich eher zu.

30.10.2519

Gott, die Änigma ist Erste Philosophin, und da Sie ausgerechnet (wahrscheinlich hat „ausgerechnet" hier eine tiefere Bedeutung) einen Zehnjährigen mit einem gewissen Witz akommunizierte, besitzt Sie vielleicht selber so etwas wie Witz. In unserer Genesis erscheint sie als Erste Weisheit, als Erster Witz, als Erste Wissende. wie sollte sie uns anders erscheinen können, wenn wir nicht anders als perzeptiv wahrnehmen können und gesteigerte, konzentrierte Perzeption für uns „Wissen" heisst? Anders kann sie sich uns nicht mitteilen als „kommunikativ" – Akommunizieren heisst unsere perzeptive Basis ansprechen, Akommunikation *muss auf unserer Perzeptionsbasis beruhen*. Sie ist insofern nicht völlig „frei" in unserer Genesis, nicht völlig „bei sich", sondern in einer akommunikativen Situiertheit in unserer Genesis apräsent.

30.10.2519

Es ist keine Täuschung: Die Änigma akommunizierte um ca. 2470 n.A. (= 1972 n.Chr.) in Othmarsingen einen Zehnjährigen, der ich war, mit der rätselhaften Leuchtschrift im Raum: „Philosoph. Du bist Philosoph". Ist deswegen jetzt Othmarsingen – Hauptstrasse, Talsohle des Ortes, neben dem Gasthof – der momentan „letzte" heiligste Ort der Welt?

30.10.2519

Sollte dort eine besinnliche Kreiswanderung beginnen und enden? Sollte ein Änigmatischer Kreis abgeschritten werden als Symbol für Ewigkeit und Wiederkehr? Solte mit Freude und Witz eine religiöse Wanderung im Zeichen von Gott, der Änigma, über die Lenzburg, den Findelstein, durch den Wald, das letzte Stück dem Fluss entlang, zurückführen? Jedenfalls ist das echt, ist das Tatsache, dass es die Änigma gibt – historische und gegenwärtige und zukünftige. Und möglich, ja, wahrscheinlich ist es, dass in Jerusalem und in Varanasi Orte der religiösen Täuschung vorliegen, deren Glaubwürdigkeit bloss aus jahrhundertlanger Kolportage besteht (die nicht ganz gelungene Verdrängung der Ebioniten durch eine „paulinische" Urgemeinde ist ein Hinweis darauf, was das Christentum betrifft), und ist Mekka ein Ort des religiösen Betrugs, des politischen Kompromisses, der nichts mit Religion zu tun hat (nichts und alles: ohne die Unterstützung durch mächtige Clans von Mekka drohte Mohammeds Mission zu scheitern: doch der Erleuchtete leuchtete auch diesen Arabern ein-ein abrahamischer Gott, ursprünglich Gott der Juden, konservativ auf ihre arabische Gesellschaft zugeschnitten, derselbe Gott, dem das römische Imperium in Form des Christentums folgte, der als Prophet eingereiht wird hinter Mohammed).

29.10.2519

Das religiöseste Buch von *Über die Anfänge* ist Buch 6.

28.10.2519

Nochmals überrascht, völlig überrascht, sein werden die Menschen, lesen Sie *Über die Anfänge* in der „richtigen" Reihenfolge. Wird *Über die Anfänge* vom Kopf auf den Fuss gestellt.

27.10.2519

In der neuen Zeit, die unsere globale Zeitrechnung nach der Antiken Achsenzeit ausrichtet (nicht nach dem gregorianischen, muslimischen oder buddhistischen Zeitkalender), werden die Menschen vielleicht Änigmatologie studieren und unter sie die alten Theologie-Fächer und die Metaphysik der Philosophie subsumieren, ausserdem die Physik, theoretische Physik.

26.10.2519

Die Änigma „weiss" vielleicht, dass wir nach dem Leben keine Betreuung oder Belohnung, wohl aber ewige Ruhe haben oder brauchen, Vielleicht ist das der Himmel, von dem wir träumen und hat sie Einfluss darauf, ob wir ihn erhalten oder als Gespenster im Zwischenreich herumirren.

25.10.2519

Erfreut sich die Änigma an uns, wie an sich, nicht absolut zu sein, heisst das auch: nicht allein zu sein.

25.10.2519

Zuschreibungen wie „die Änigma kennt" oder „die Änigma kennt die Zukunft" sind irrführend, sind anthropomorph. „kennen" „wissen" – solche Attribute beziehen sich auf unsere Kognition. Welche „Kognition" die Änigma besitzt ist uns so rätselhaft wie sie selbst.

24.10.2519

Die Änigma ist so extrem anders als wir, dass sogar der Unterschied zwischen uns als lebend und tot, der gewaltig ist, noch viel zu klein wäre, um sich ihn vorzustellen.

23.10.2519

Wasser zu Wasser -wie Kapitäne, wie Kommandeurinnen, lasst uns, sind wir gestorben, in die Tiefe versenken. Von dort kamen wir aus der Tiefe, in die Tiefe kehren wir in der Kehre zurück. Es gibt keine schönere, ruhigere Fahrt für Tote als die auf dem Wasser und im Wasser, langsam, entspannend zum Grund – das ist ganz anders als diese hitzige Hitze, diese Verbrennerei zu Asche – dieses Asche zu Asche, dieses Wüste zu

Wüste – als ob wir aus der Wüste kommen. Aus der Wüste kommt kein Leben, Leben kam und kommt aus dem Wasser.

23.10.2519

Die Änigma kommuniziert nicht mit uns, sie akommuniziert uns. Deswegen sind wohl Ideen, dass wir Zwiegespräche mit Gott halten können (schlechte oder schlichte) Phantasien aus dem Bereich der abrahamischen Theologie, nicht der änigmatischen Theologie, der Änigmatologie. Andererseits: Möglich ist sehr vieles, denn wir wissen sehr wenig über sie. Dass sie bei uns auf Grenzen stösst, auf die Grenzen unserer Genesis, und deswegen nicht „jeden" Gedanken von uns „kennt", davon gehe ich aus (unter dem gerade formulierten Vorbehalt: ich weiss es nicht, ich weiss fast nichts über die Änigma, ich muss über DAS Rätsel rätseln, ausser den rätselhaften Dingen, die ich von ihr „weiss": dass es sie gibt, dass sie mit uns akommunizieren kann, dass im Zeit-Raum von heute Raum und Zeit von morgen präsent sein kann, dass ihr „Philosoph/ie" und „Obligation" besonders akommunikationswert ist, u.dgl.). Wäre unsere Welt einfach ihre, gäbe es keine Grenzen, müsste sie sich nicht die „Mühe" machen, sich in unsere Welt anzupassen, mit uns zu akommunizieren. Sie könnte sich den Weg der Akommunikation von Zuschreibungen und Pflichtverweisen („Richtlinien"?) sparen. Sie würde nicht mit der Kraxelschrift eines Zehnjährigen einen Zehnjährigen akommunizieren mit: „Philosoph/ie. Du bist Philosoph". Nicht im Traum und in der Realität „Obligation" synchronisieren. Woher nur nimmt sie diese latinisierten Gelehrtenfremdwörter? (Philosoph/ie, Obligation?).

23.10.2519

Zu Recht hat die abrahamische Theologie festgestellt, dass es einen Bereich des „freien Willens" des Menschen gibt, diesen aber verbrämt, als ungöttlich, als versündigt dargestellt, potentiell als Abweichung vom „richtigen göttlichen Weg". Eine grundlegende „Abweichung" von der Änigma gibt es tatsächlich: die ontologische Differenz zwischen der Welt unserer Genesis und der Welt ihrer Genesis – die sie mit Akommunikationen (und Involution?) überbrücken kann (mit relativ viel technischem Aufwand: temperiertes Licht, dicht gestellte Buchstaben, richtig geschriebene Worte und Sätze;, im richtigen Winkel, in der passenden Höhe, so dass sie mühelos lesbar sind, etc..etc.)- dieses an menschliche Kommunikationsgepflogenheiten angepasste Akommunikations-Vermögen der Änigma können wir „göttlich" nennen, womöglich gehorcht es aber auch natürlichen Gesetzen, allerdings nach der Natur ihrer Genesis, nicht unserer. Nicht nur wir leben in einer relativen Eigenständigkeit, Gott, die Änigma, lebt selber in unserer Welt in einer relativen Eigenständigkeit. Sie freut sich an uns, in dem Grade auch, wie sie sich daran erfreut, nicht absolut zu sein.

22.10.2519

Wir können uns fragen, wie menschenähnlich die Änigma ist oder wie änigmatisch wir sind – das hat auch die abrahamische Theologie beschäftigt, die vom Ebenbild des Gottes Abrahams – dem Mann/Mensch – dem „Männsch" spricht. Eher ist davon auszugehen, dass der Unterschied extrem ist. Dass die Änigma zwar menschenähnlich mit uns (a)kommunizieren kann – anders würden wir sie auch nicht verstehen – aber selber nicht menschenähnlich ist.

22.10.2519 (3)

Der Mensch ist sehr aus der Genesis unserer Welt entstanden und in ihr stehend, die Änigma nicht. Sie ist primär Wesen ihrer Genesis, ihrer Dimension. Davon gehe ich aus.

22.10.2519

Änigmatologie ersetzt Theologie – weil Theologie zu sehr von abrahamischen Gott-Vorstellungen besetzt und besessen ist. Der Abrahamische Gott ist aus änigmatologischer Perspektive jedoch bloss eine Emanation der Änigma.

21.10.2519

Ihre „Sprache" spricht sie durch unsere Sprache. Die Änigma akommuniziert über die unsrigen, menschlichen Kommunikationsmittel mit uns (anders könnte sie uns nicht (a)kommunizieren), sie schreibt mir, dem

Zehnjährigen, in meiner mir eigensten Kraxelschrift, sie schreibt Mohammed, in seiner ihm eigensten Wunschsprache, durch Judentum und Christentum hindurchzu"sprechen", eine ihnen ebenbürtige, gleichmächtige Alternativ-Religion unter arabischem Vorzeichen zu erdichten, sie träumt Paulus den Jeshua, desssen Begegnung, die nie „real" stattfand, er sich innigst wünschte. Ausserdem kann sie Wirklichkeit, die wir in Zukunft erleben, in Form von Träumen uns während dem Schlaf akommunizieren (wie das geht, das fragen Sie am besten die Änigma).

20.10.2519

Nochmals zur Kraxelschrift: wahrscheinlich sah und las ich MEINE Kraxelschrift im Raum, nur die Änigma bediente sich ihrer und versetzte sie in den Raum. Ähnlich könnte es bei Mohammed, bei Paulus gewesen sein, sie sahen IHRE Imaginationen, nur versetzt in den Raum (in den Schriftraum bei Mohammed, in den Traum bei Paulus).

19.10.2519

Änigmatologie ist der Versuch, der Änigma, den Spuren, die sie hinterliess, auf die Spur zu kommen.

18.10.2519

Es ist viel weniger säkular, als sich Wissenschaftler gerne erdenken oder vorstellen. Das heisst nicht, dass die überlieferten patriarchalen Religionen richtigere oder wahrere Vorstellungen vom Transzendenten hätten –

beide nehmen (nur beschränkt) an einer Dimension der Änigma teil – summa summarum vertreten beide, die übersäkularen Wissenschaftler und die altreligiösen Gläubigen, eine ähnlich beschränkte Weltsicht.

18.10.2519

Eigentlich bin ich absolut säkular, nur ist das Säkulare, muss ich erkennen, sehr relativ.

17.10.2519

Das Paradoxe ist: Dass ich mit Religiösen nichts zu tun habe, die aber werden mir als erstes glauben.

16.10.2519

Mir ist die Änigma erschienen, könnte zum geflügelten Wort werden.

15.10.2519

Die beste Kirche der Welt ist die Änigmatische Bewegung…

14.10.2519

Seit der Erinnerung mache ich mir Gedanken darüber, wieso diese verbal-schreibende Akommunikation im Raum in einer kindlichen Kraxelschrift erschien und wieso einem Paulus ein Messias im Traum? Wahrscheinlich escheint die Änigma in der einem selber am „nächsten" liegenden kommunikativen Weise – bei mir war es meine Kraxelschrift, bei Saulus war es die starke judäo-religiöse Indoktrination, verbunden mit dem just verstorbenen Jeshua – dasselbe gilt für Buddha, Mohammed u.a.m.

13.10.2519

Obwohl die Parasynchronizität zwischen 13 und 18 Jahren nie zur Zeit der Anamnese gehörte – mit der Beschäftigung mit Flims wäre dieses Traumereignis, die Erinnerung an diesen Morgen wieder in Erinnerung gekommen – hätte nie, hätte kaum allein daraus ein Bewusstsein, ein Wissen einer „kommunikationsfähigen Göttlichkeit" abgeleitet werden können. Wohl, ja, wie C.G. Jung bereits andeutete, eine merkwürdige Dimension, die dei Relativität von Zeit und Raum, Vergangenheit, Gegenwart und Zukunft komplett anders „verhandelt" oder „realisiert", als wie die „normale" Zeitdimension, das hätte mich lebenslänglich beschäftig doch: weiter als „Einstein-Niveau" , das über eine Art Synchronizität von Vergangenheit, Gegenwart und Zukunft spekulierte, wäre es nicht gegangen. Doch dann kam die Erinnerung an das zwei, drei Jahre davor liegende „Akommunikationsereignis" dazu das mit schriftlicher Akommunikation eine „Autor-Göttlichkeit" präsentiert – und das änderte alles radikal. Das war „das" transzendete Ereignis, auch wenn die Messlatte für „Gott" nicht von der abrahamischen Theologie übernommen werden kann: Wir fangen auch dort mit Tabula rasa, mit Rätseln über DAS Rätsel an.

12.10.2519

In der Zeit der Anamnese hätte ich mir nicht träumen können, einen solchen Satz zu schreiben.

11.10.2519

Wer akommunizierte den Zehnjährigen überraschend eines Sommerabends mit „Philosoph. Du bist Philosoph." – wenn nicht eine Philosophin, die Erste Philosophin, Gott, die Änigma.

10.10.2519

Philosoph. Du bist Philosoph. Ist also viel weniger männlich als es scheint – lesen wir: Du bist Philo Sophia. Geschlechter- und sexustheoretisch: Du bist Philo und Sophia (Mann und Frau), Du bist Philosophia (intersexuell). Interessant ist ja auch, dass Homo sapiens Homo philosophus ist. Wir sind erst seit 1970 „Homo sapiens", da die Änigma uns erst dann so akommunizierte.

09.10.2519

Philosoph, Du bist Philosophia. Heisst ja auch „Liebe" zu „Sophia" – konkret: Liebe zur Frau/Sophia – nicht nur Liebe zur Weisheit, zum Wissen. Die Änigmatische Religion ist Frauen-Liebes-Religion, nicht nur Weisheits-Liebes-Religion, schliesse ich daraus. Das passt zum Rückgang zur Mutter aller Religionen, zur Magna Mater

– „Philosoph. Du bist Philosoph – Du bist philo sophia"
als ihr grosses religiöses Reentry.

08.10.2519

Ängstlichere und Machtsüchtigere werden bedenken und
zu bedenken geben: Ja, aber wenn alles so frei, so offen
ist in der änigmatischen Bewegung, geht dann die
Botschaft, de gute Botschaft der Änigma nicht verloren?
Reproduzieren wir dann nicht das „Ebioniten-Problem"
? – das von einem Stalinisten wie Paulus „gelöst" wird?
Dazu ist anzumerken: die Ebioniten, die Originalchristen,
waren sehr jüdisch, sehr judäoideologisch geeicht,
theologische Insider – eine globale Religion hat die
verschiedensten traditionellen Insider zu „befreien" oder
ihrer Freiheit eine freie Botschaft mitzuteilen – zweitens
– alles, was spaltet, abspaltet, ist nicht im Sinne der
Änigma, alle sind für sie „Philosoph", „Philosophin",
leben und sterben für sie als solche. Fühle dich
ausgezeichnet und für die Auszeichnung, die Leben
bedeutet, verpflichtet (für die Schöpfung, würden
Christen sagen), kehre in sie zurück – ohne Angst -,
Wasser zu Wasser, Für diese Lehre braucht es keinen
Kanon, keinen Stalin.

07.10.2519

Hilfe, werden sie schreien, Hilfe, ich brauch aber einen
Käfig, an dem ich mich halten, in dem ich mich
abstützen, in dem ich mich ein- und andere aussperren
kann.

06.10.2519

Du solltest der Änigma wie der Natur begegnen – ohne
Käfig. Mit Käfig gibts Abspaltung, dann werden
Menschen diese und jene Sekte für die „richtige" bzw.
„falsche" halten. Die globale Religion, die ängimatische,
bleibt also am besten sehr frei, sehr offen, sehr
unorganisiert, sehr ohne Käfige.

05.10.2519

Ähnlich wie ich als Zehnjähriger den Begriff „Philosoph"
nicht verstand, verstand ich als Dreizehnjähriger den
Begriff „Obligation", der sich akommunikativ in mich
einbrannte, nicht. Die Änigma hatte oder hat es in ihren
Offenbarungen offenbar mir latinisierten Fremdwörtern.
Ihre Akommunikationen an diesen Jungen waren für
gebildete reflektierte Erwachsene bestimmt (nicht so sehr
für mich Zehn- oder Dreizehnjährigen schliesse ich
daraus – und für einen späteren Menschen, der ich erst im
Werden war).

04.10.2519

War der Damm einmal gebrochen in diesem höchst
abergläubigen unaufgeklärten Milieu, war man offenbar
bereit, fast jedes Wunder und Gerücht über Jeshua nicht
nur zu glauben, sondern zu kanonisieren – wichtig war,
dass es anti-altjüdisch war. Dass es die
Übermenschlichkeit, die Göttlichkeit ihres Jeshua
untermauerte, und die alten Juden möglichst mit Füssen
trat – bestens passte da das Über-Das-Wasser-Laufen-

Wunder und die kurze, ausserplanmässige Wiederauferstehungs-Anekdote.

03.10.2519

Gewohnt, noch einiges nicht zu verstehen, war das Gute, ja, dass ich als Zehnjähriger soviel von dieser Akommunikation nicht verstand, dass ich sie einfach vergessen bzw. unter dem Aktenzeichen „Höchst merkwürdig/Nicht verstanden" ablegen und archivieren konnte (und musste). Nicht mehr ging das bei der parasynchronizitären Akommunikation, die ich als Dreizehnjähriger zunächst als Traum erlebte.

02.10.2519

Abrahamismus 2 und 3 oder: Abrahamische Religionen wider und für ihre Grossväter….Schon länger tief im abrahamischen bzw. judäo-christlichen Religionsdiskurs mit der Distanz des Arabers eingebettet, schon seit seines Grossvaters Zeiten ebenso tief, im Drang, nicht nur das arabische Heidentum, sondern auch diese judäo-christliche Überlegenheitsekstase, die in Rom imperialen Staatsreligionscharakter erhielt, **zu überwinden**, macht verständlicher, dass die religiöse Ekstase des Mohammed als eine von Gott des Abraham gesandte, dass seine Kommunikationen als Akommunikationen dieses Gottes wahrgenommen wurden – dafür war auch eine Bereitschaft und eine Erwartung leicht und schnell mobilisierbar, ein sozialer arabischer Kontext vorhanden, der sie als solche wahr machte. Heissen muss das nicht viel – aus unserer Sicht war es eine Akommunikation der Änigma, war Abrahams und Mohammeds Gott die

Änigma, wenn nicht Gedanken, die ihm „aus dem Dunkeln" – wie uns heute noch Gedanken „einfach" zufliegen – „zuflogen" und retrospektiv und inspirativ als von seinem Gott herrührend interpretiert wurden (die Anekdote mit dem Erzengel Gabriel unermauerte diese Interpretation). Mohammed hätte auch ohne göttliche Inspiration auf diese göttliche Inspiration kommen und glauben können, dass sie göttlichen Ursprungs sei – hätte er andererseits wirklich änigmatische Akommunikationen erlebt, wäre es naheliegend gewesen, um nicht als bloss verrückt zu gelten (oder zu werden), dass er sie als „abrahamisch" deutete, dass er sie in das etablierte Prokrustesbett des Judäo-Christentums einpasste- das zu tun und zugleich eine eigene abrahamische Überlegenheitsekstase dabei zu schaffen, darauf war der Junge ja zeit seines Lebens, schon durch seinen Grossvater, „programmiert" worden. Es ist wie mit dem Genie in der Geigenkunst, du musst als 3 Jährige/r damit beginnen, willst du es jemals erreichen (vorausgesetzt dass du das Talent dafür besitzt). Mohammed sog seinen grossen, fast übermenschlichen Auftrag mit seines Grossvaters (und wahrscheinlich Vaters und Mutters) Wohlwollen seit seiner Geburt ein – die soziale Athmosphäre, das Milieu für seine dichterische, politische und religiöse Grosstat war schon vor seiner Geburt in dieser Familie, die der dafür passenden arabischen Schicht und Position angehörte, geschaffen worden.. Auch der jüdische Jeshua soll von seinen Eltern zum Rabbi bestimmt worden sein – war ein professioneller theologisch gelehrter Jude, dem das religiöse Papier seiner Väter und Grossväter nicht mehr reichte, der aus dem Papier „Leben" sowie aus dem Alten ein neues Testament machte (zumal in der Hand seines sich von ihm direkt berufen meinenden Paulus, der vom altjüdischen Saulus, sich zur Bekehrung, Rettung und Fortsetzung des Werkes des Jeshua gesandt, auserlesen und befähigt, fühlte…- auch hier bestand bereits seit längerem ein Erwartungsumfeld, das solche Wahrnehmungen von Einzelnen kollektiv wahr machte).

01.10.2519

Was die Wissensgier, die Neugier des Zehnjährigen bezüglich dieser abgefahrenen Erleuchtung oder Eröffnungsakommunikation betraf – „Philosoph, Du bist Philosoph" – so hielt sie sich äusserst in Grenzen. Die Kinder-Ratio hielt es für angebracht, diese Geschichte möglichst schnell zu vergessen, als einen outrierten Zehnjährigen daraus zu machen, der wie besessen darauf beharrte, sich das nicht eingebildet zu haben und von den besorgten Eltern als „verrückt" erklärt und, – natürlich nur zu seinem Besten – , in eine Heilanstalt für Kinder eingeliefert wurde.

30.09.2519

Was will uns Gott, die Änigma, sagen, dass „Du" „Philosoph" bist (lebst, stirbst) ? Das ist das Rätsel, das ist das Änigmatische der Änigma. Es klingt so: wie: Du willst es kennen, du bist ein Wissensbegieriger. Auf die altbiblische Szenerie übersetzt, die nur in Literatur stattfindet: Du hast vom verbotenen Baum der Erkenntnis gegessen. Du bist verflucht. Du bist Philosoph. Und wir wissen ja, was Luther von Philosophen hielt. Der Unterschied ist: dass das eine göttliche Instanz war (kaum bloss eine Instanz der änigmatischen Dimension unserer Genesis), die das akommunizierte, nicht Luther der das kommunizierte. Christen werfen sich auf Luthers Worte, als seien sie von einem Gott geschrieben worden, als äussere er Akommunikationen, dabei äusserte unser Herr Luther kommune Kommunikationen.

30.09.2519

Kommune Kommunikationen, die nie weiter gingen und tiefer drangen als bis zur Orthodoxie von Nicea. So blieb der Schein der Gründlichkeit, der auf den „Grund" gehenden Lektüre – dabei alles auf halber Strecke stehen.

30.09.2519

Gott, die Änigma, wird über lateinische Grundkenntnisse verfügt haben, ist doch anzunehmen, als sie den Zehnjährigen mit „Philosophie oder Philosoph. Du bist Philosoph" hellichten Sommerfrühabends mit kraxelhaften Leuchtschriftzeichen im Raum akommunizierte. (Mir ist selber bewusst, dass das wie aus einem billigen Hollywood-Film klingt oder Harry-Potter-Roman – ich hab mir diese Szene nicht ausgesucht, nicht ausgedacht (ausgedacht hätte ich mir wahrscheinlich eine raffiniertere))

30.09.2519

Du Wissensliebende, Du Wissensliebender. Du bist Wissensliebender. Du bist Weisheitsliebende.

29.09.2519

Weil mich der Schwätzer Luther so aufregt, nochmals: Verglichen mit mir war er ein Schwätzer.

28.09.2519

Ich weiss, ich muss wissen, was andere nur glauben können, egal, ob sie Luther oder Meier, Papst oder Kramp-Karrenbauer heissen.

27.09.2519

Ihr sterbt nicht als Muslime, ihr sterbt nicht als Christen, ihr sterbt nicht als Buddhisten, ihr sterbt nicht als Hindus, ihr sterbt nicht als Daoistinnen, ihr…. -ihr sterbt als Philosophen, als Philosophinnen. Das vermittle ich euch von der Änigma.

27.09.2519

Und „philo" „sophia" hiesst: Liebe zur Weisheit, Zuneigung zum Wissen.

26.09.2519

Zur ausführlichen Reformations- und Luther-Kritik (Stichwort: auf halber Strecke stecken geblieben), siehe ÜdA 3-5.

25.09.2519

Über die Testamentlosigkeit der abrahamischen Grosssekten. Eines weiss ich, das heisst: eines kann ich nicht nur glauben, sondern muss ich wissen, Allah ist weder im Iran, noch in Saudiarabien gegenwärtig. Die Alawiten (die immerhin den Mekka-Betrug durchschauten), die Sunniten und Shiiten und weitere kleinere Islamsekten müssen sich Märchen erzählen und schöne Blindheiten einführen in ihre Sicht auf die religiösen Dinge – erklären sie sich und der Welt, warum sie nicht Mohammeds Letztem Willen und Allahs Letztem Wort folgen, das da heisst: **Trennt euch nicht**. Sie haben das Testament, der Letzte Willen Gottes, nicht nur in Papierform zerstört, sie zerstören es töglich in der Realitäüt. Darum: **Der wahre Islam wäre der „Testamentarische Islam"** – doch den soll und wird es nie geben (immerhin darf er sich bemühen, zu werden), Gott, die Änigma, hat sich für etwas anderes entschieden, Ihr seit Philosoph, ihr seit Philosophin, liebe Muslime und Muslima. Das ist ihr „Letztes Wort" bis heute, seit heute. Fassen wir zusammen: Erstens: Die aktuell herrschenden Islamvarianten sind, weil ihnen der Letzte Wille und das Letzte Wort Gottes fehlt, unwahr und demgemäss für ewig irrlichternd, nicht viel mehr als abrahamische Grossekten, die den Leuten Unwahrheiten eintrichtern, überholte Wahrheiten ohnedies, sie sind ohne Testament Gottes nicht viel mehr als eine weltliche Verirrung. Zweitens: Dieser Islam ist eine – auf Sand gebaute – abrahamische Überlegenheitsekstase neben den beiden anderen abrahamischen Überlegenheitsekstasen – denen der Grund ebenfalls wegfällt so wie Moses als historische Figur (de facto eine Fiktion). Drittens:

Ähnliche Ausblendungen (Stichwort: Betriebsblindheit) produzieren und Märchen erzählen sich Katholiken, Reformierte, Orthodoxe, auch sie haben keine Letzten Grund, sich zu trennen, nur, zusammenzusein. Doch die ursprüngliche Ökumene der neujüdischen Sekte von Jeshua war ebionitisch, und die verdrängten und vernichteten die „erfolgreichen" realpolitischen Paulinisten, sie ersetzten das wahre, das originale, naive Testament durch das listigere und lügenhaftere „Neue" - dennoch: **das originalchristliche oder Ebionitische Christentum wäre das wahre**. Noch „wahrer" aber ist, die Änigma sagte nicht, du bist Muslim, du bist Christ. Sie schrieb und sagte: Muslim – Du bist Philosoph. Christin – Du bist Philosophin, Buddhist – du bist Philosoph – Hindu – du bist Philosoph. Sie hat offenbar keinen Sinn oder keine Geduld für die allzumenschlichen Streitereien unter den Grosssekten und zwischen ihnen. Sie macht Tabula Rasa. Ihr seit Philosoph, Philosophin – glaubt es, ich weiss es, sie verkündete es! (klingt pathetisch oder bombastisch oder verrückt – war und ist aber so. Ende).

24.09.2519

Ganz ohne Geschwätz: verglichen mit mir ist Luther ein Schwätzer. Von den Päpsten müssen wir gar nicht reden. Sie alle kanonisierten sich mit dem Paulinismus in die Leere (und Lüge).

23.09.2519

Auch Sterben ist privilegiert. Wir verschwinden ja nicht ins Nichts und wir entstanden nicht aus dem Nichts.

Auch wenn das etwas bitter klingt. Aber das, was immer Nichts war, davon sind wir unendlich weit entfernt.

22.09.2519

Der Kooperationskapitalismus und die Änigmatische Bewegung passen deshalb so gut zusammen, weil kein Eiferertum (auch kein ökonomisches) sie beherrscht, sondern Gelassenheit und Sympathie für unsereins, die in der Auserlesenheit nicht nichts zu sein, ein privilegiertes Dasein leben und, alle gleichermassen, vor einer letzten Prüfung, der Kehre, der Einkehr, der Rückkehr stehen. Kooperationskapitalismus ist die Wirtschaft unter Freunden und Freundinnen – nicht von blanken Konkurrenten -, in der jeder soweit auf alle anderen achtet, dass keiner von Bord fällt, dass keine/r untergeht.

21.09.2519

Dass die zwei abrahamischen Grosssekten (2 u. 3) „Eiferer-Religionen" sind, das konstatierte Sloterdijk zu Recht, wobei die christliche sich ihren Zahn im Laufe der Jahrhunderte fast vollständig gezogen hat, ausser in Randgebieten wie in Irland, wo tatsächlich noch Reformierte und Katholiken sich meinen beharken und mit Mauern isolieren zu müssen…. Käme die Änigmatische Bewegung – ist es denn einmal eine geworden – in die Situation der Notwehr gegenüber diesen und anderen „Eiferer-Religionen" (auch im Hinduismus gibt es dieses Gen) – dann müsste sie selbstverständlich zur Ab- und Gegenwehr übergehen. Die, die sie umbringen wollen, zumindest unschädlich machen, die Skala der Gegenmassnahmen ist grenzenlos.

Ohne besonderen Verfolgungs- und Vernichtungseifer –
Eiferertum ist töricht und hat mit Änigma, hat mit Gott
nichts zu tun.

20.09.2519

Betrachte die Welt mit göttlicher Gelassenheit. Sei ein
Philosoph, eine Philosophin. Es ist alles gut. Wir haben
den Zuspruch der Änigma, das macht es noch besser. Das
ist der religiöse Kern der Änigmatischen Bewegung, falls
du Geschichten, viele Geschichten brauchst, wende dich
an Bücher wie Bibel, dort hast du Geschichten, viele
Geschichten (wir meinen, viel zu viele Geschichten).

19.09.2519 (2)

Ähnlich wie Paulus einen Ausweg, einen scheinbaren
Ausweg aus der elenden Situation wusste – nur für die
Ebioniten war sie nicht elend -, wusste das Bürgertum
mit Hitler einen Ausweg aus der desolaten Situation, in
der sie sich durch sich und den Marxismus gedrängt
sahen – der dann in einen Wahnsinn der Vernichtung
humaner Werte und Menschen, sowohl in KZs als auch
an der Front führte. Die Denunziation von Juden und der
Neid auf sie – das Konstrukt „Jude" entindividuierte
durch Verallgemeinerung – oder die Abscheu gegen „sie"
war billig zu erzeugen – dass der Judas, der Jude der
Satan sei, das predigten die Kanzeln in den Kirchen und
propagieren die paulinisierten Evangelien seit
Jahrhunderten – unser Parasit konnte also aus dem
Vollen schöpfen, auf tief eingewobene Diskursmuster in
der christanisierten Kultur zurückgreifen, zu der der
Manichäismus unterschwellig zählte und zählt – auf den

ewigen Kampf zwischen dem „Bösen" und dem"Guten",
in dem der gute Führer obsiegt…

19.09.2519 (1)

Hitler blieb aber nicht bei der parasitären Ausnutzung
und Umdeutung des profund antisemitischen Diskurses
des Paulinismus stehen – er nutzte das Judenpogrom –
die Konstruktion „Jude" gegen völlig harmlose, längst
angepasste deutsche und europäische Bürger und
Bürgerinnen – als Rhetorik der Subversion, nicht nur als
Parasit, um den Marxismus, den wirklichen, wehrhaften
politischen Gegner auszuhebeln, zu bekämpfen. Statt
Klassenkampf Rassenkampf, statt Klassenkampf
Judenpogrom -mit der politischen Rassenlehre sollte
sogar der Nationalismus ausgehebelt werden: zum
Tausendjährigen Reich der Arier konnten Franzosen,
Engländer, Schweden, Schweizer, Holländer, Italiener,
Ungarn, Tschechen, Spanier, sogar vielleicht „arische"
Japaner zählen (so absurd blieb das Konstrukt Arier).

18.09.2519 (2)

Paulus als Vorgänger, als Vorläufer Hitlers – der grosse
Heilige und der grosse Böse in der christianisierten
Geschichte? – ein Puzzlestein in der Beantwortung der
grossen Frage, warum es zu Hitler und diesem Ausbruch
gegen Juden kam. Eine Antwort – um die sich
merkwürdigerweise viele Historiker und Historikerinnen
drücken: natürlich hat der Holocaust profund mit der
Christianisierung bzw. Paulinisierung als latent
feindliche und konkurrente Absetzung vom Judentum zu
tun. Der Dorn im Christentum: das Nein der Juden, die

Verweigerung, den Jeshua als ihren Messias anzuerkennen – obwohl doch ein Wunder auf das andere getürmt wurde – um zu zeigen, wie ausserirdisch, wie übernatürlich, wie geeignet für einen Messias er doch ist....Eine latente Feindschaft, die in unregelmässigen Abständen von manifesten Judenpogromen unterbrochen wurde: insofern war der Holocaust nicht etwas völlig Neues – ein Mythos, den Adorno und Co. oft und gerne bedienten und bedienen – lediglich das Ausmass der Verfolgung und Durchführung dieses Pogroms war exzeptionell aufgrund moderner Staatsbürokratie, nationalisierten Medien und Innovationen in der Industrie (Chemie, Schlachtung, Transport), dazu kam die rassistische Verschärfung, oder die naturwissenschaftliche Innovation – in diesem Kontext wurde die Rassenlehre und ihr Darwinismus verortet. Die paulinisierten Evangelien, einschliesslich die „Überlegenheitswunder" ihres paulinischen Jeshua sind latent antijudäisch (überlegen mussten ihre Wunder zunächst über altjüdische Wunder sein...) – sie führen einen unterirdischen Diskurs, sie sind ein Subtext gegen das diese Pauluse prägende, teilweise sie verfolgende Judentum – zeitweise wurden die ersten Christen von Juden verfolgt, geächtet, vertrieben. Der Satan, der mit Jeshua auf dem Dach steht und ihn in Versuchung zu führen sucht, ist bei genauer Vergleichsanalyse im Grunde ein Rabbi. Sagt Paulus (wird der Paulusfigur in den Mund gelegt), der Satan hat mich verhindert, kommt er zu spät, waren mit „Satan" Altjuden gemeint (wobei noch viel Jude, Altjude, in Paulus selber steckte).

18.09.2519 (1)

Dass es nur in einem jahrhundertlange christianisierten Milieu – wegen der latenten Spannung zwischen Christentum und Judentum – zu so etwas wie dem Holocaust kommen konnte. Geschenkt. Richten wir den Blick auf Paulus, der nichts anderes war, als der beste Rhetoriker mit der schlausten und autosuggestivsten – d.h, ihn selber „ergreifenden" Idee – unter den desolaten Neujuden (ausser den Ebioniten, die den Abgang ihres Jeshua als eine kleine, kurze Drehung in der grossen ewigen Drehtüre, aus der er und das Reich seines Vaters bald treten werden, betrachteten – sie waren immun gegen Paulus, gegen Paulus Verführung, sogar entsetzt darüber – wie die Paulinisten den Tod ihres Jeshua umdeuteten…, doch sie waren bald weg vom Fenster, weil ohne Schrift und Archiv. Blicken wir also auf Paulus der seinem Wahn folgte und den Wahn, der in anderen noch steckte, in Begeisterung verwandeln konnte. Schon für Hitler gingen Millionen ins Feuer, für ihn starben sie – so indoktriniert und abgerichtet wurden sie auf den Führer, und dass er- das glaubten Christen unter den Nazis – und glaubte Hitler selber- eine (christen)göttliche, nicht nur eine national-völkische Mission erfüllt.

Hitler vollbrachte nicht einmal Wunder, ausser dass er die Weimarer Autobahnpläne ausführte, die für Arbeit sorgten, und dem Stammtisch nach dem Mund sprach: mit predigerhaften Tönen aus dem paulo-christianisierten Echoraum – und schon waren viele Feuer und Flamme für ihn. Wie war es wohl in den extrem abergläubigen Zeiten von Paulus? Wir können es uns ausdenken, wir können uns ein Bild davon machen, lesen wir danach das ab, was die Paulinisten bis heute ihre „Bibel" nennen. Und dieser Diskurs prägt bis heute die sogenannte christliche Religion. Sorry, klingt nicht schmeichelhaft, ist aber so. Und: Auch hier ist davor zu warnen, sich mit dieser Geschichte des paulinisierten Jeshua auch nur im fernsten zu identifzieren. Dieser Wundermann ist nicht unser Brot. Aus postabrahamischer änigmatischer Perspektive: Wir brauchen weder diese Sekte, noch ihre Unterstellung noch den ihr unterstellten „Retter". Mag er diese Leute „retten", wenn sie glauben, sich „erbverdorben" sehen zu müssen – dass sie unbedingt getauft werden müssen, um nicht irgendwie „verflucht" zu sein oder werden zu können – solchen Wahnsinn sollen sie glauben, das passt wie die Faust aufs Auge. Aber uns bitte damit nicht belästigen.

17.09.2519 (2)

Sei kein Eiferer! Sei keine Eifernde!

17.09.2519

Warum ich kein Eiferer bin.

16.09.2519

Aber natürlich gibt es eine redliche Überzeugung – bei mir ist es ein einfaches Wissen, das ich fast lebenslänglich mit mir trage -, felsiger als der Fels, auf dem Roms Kirche wackelt, dass diese Akommunikationen – auch die parasynchronizitären (transtemporalen) und translokalen – real sind, real stattgefunden haben, Realität der Änigma sind, der änigmatischen Dimension unserer Wirklichkeit sind – wir können uns also zurücklehnen, ich empfehle es euch ganz ohne Eifer, und sicher, ganz sicher sein, dass wir nicht allein sind in dieser Welt.

15.09.2519

Jede nach Ihrer Facon, jeder nach seiner Facon. Fürs Protokoll: damals als Junge bin ich von der Änigma nicht mit „Sei ein Eiferer" (was ich übrigens auch nicht wirklich verstanden hätte), sondern „Philosoph, Du bist Philosoph" akommuniziert worden. Deswegen gehör ich auch nicht zu den Eiferer-Gross-Sektierern, die andere aus Eifer „umbringen" oder aus Eifer „bekehren" wollen. Es gibt keinen derartigen „Eifer" in der Änigmatischen Bewegung (ausser menschliche Schwächen, das übliche halt), höchstens einen „Eifer" für die Bewegung, eine Begeisterung für die Ängima, für die änigmatische Bewegung – eine übertriebene, vielleicht wird es das mal geben – die dann ekstatisch, sexuell, spirituell ans Limit geht (am Limit unserer Welt ist ja die änigmatische Dimension wohl am ausgeprägtesten oder für unsere „Normalerfahrung" ist sie das Ausserordentliche, das Ungewöhnliche). Die Derwische gehen diesen Weg wohl auf ihre Weise, eine bloss männliche „natürlich". Das wird in der Änigmatischen Bewegung anders werden. Weder Derwisch, noch dionysisch. Insofern nähere ich mich mit Sympathie dem eiferlosen, dem gelassenen Statement von Aufklärerkönig Friedrich II., Freund Voltaires, dass es jede, jeder nach ihrer, nach seiner Facon habe mit der Religion. Am besten natürlich, meine

Empfehlung, mit der besten, mit der wahrhaften, mit der kernigsten.

14.09.2519

…und zwar solange, bis die änigmatische Bewegung die führende globale religiöse Bewegung geworden ist – der Glaube an die Änigma eine globale Bedeutung erreicht hat – also die Bedeutung, die ihr als erste und am besten entspricht.

13.09.2519

Immer wenn die Christen (eigentlich Paulinisten) ihr Ding hochfahren in ihrem Kalender nach gregorianischer Zeitrechnung, fährt die änigmatische Bewegung und die postabrahamische Aufkärung ihr Ding hoch nach genesianischer Zeitrechnung (n.A – after Axialage).

12.09.2519

Eine änigmatische Fibel parallel zu den christlichen (sog. „christlichen") Feiertagen. Wir werden eine Art „änigmatische oder postabrahmische Aufklärungs-Fibel" zu allen Feiertagen des Christentums schreiben müssen – so dass an den jeweiligen Tagen diese Fibel herangezogen werden kann – um sich über die postabrahamische oder änigmatische Position zu diesem jeweiligen christlichen Fest zu informieren (ähnliches zu muslimischen Feiertagen).

11.09.2519

Postabrahamische Pfingstgeschichten.

10.09.2519

„Habt acht auf eure Frömmigkeit, dass ihr die nicht übt vor den Leuten, auf dass ihr von ihnen gesehen werdet; ihr habt sonst keinen Lohn bei eurem Vater im Himmel" (Matth 6). Aehm, ja, das sollte unsere Frömmlerin, unsere „Zeit-„Gelegenheitsautorin sich hinter ihre Ohren schreiben.

09.09.2519

Der Pensil des Heiligen Geistes oder: Die befleckte Empfängnis. Natürlich ist Jeshua von seiner Mutter geboren, mit ihr und seinem Vater gezeugt worden – alles andere ist keine ebionitische, ist eine paulinische Konstruktion, eine kalte, sehr kalte Hass-Konstruktion (Hass auf das Altjudentum, auf den Saulus im Paulus, auf die Römer, usw.). Zudem eine sinnvolle, mehr noch, eine notwendige Konstruktion. Nach der altjüdischen Prophezeitung ist der jüdische Messias ein Königssohn. Da Jeshua nicht aus einer Königsfamilie Davids stammte, liessen ihn die Paulinisten kurzerhand direkt darüber, aus dem Hause Gottes abstammen – posthum. Darunter ging nicht. Also musste der „Heilige Geist" ran an die Mutter – die nicht gefragt, die einfach überschrieben – „penetriert vom Heiligen Geist" – wurde, zumal: vom Pensil des „heiligen" Geistes eines Paulinisten befleckt, tintenbefleckt.

09.09.2519

Die jüdische Angeberei, Aufplusterei – wie wir sie auch in der Tierwelt als mimikryhafte Verteidigungs- und Drohgeste gegenüber viel grösseren Fressfeinden kennen – ist dem Neuen Testament anzulesen – die ersten Autoren waren ja alles alte Neujuden, Saulus-Juden, die zu Paulus-Juden mutierten...die nicht mehr zurück ins alte Judentum wollten und konnten.... zuweit hatten sie sich auf diesen Jeshua eingelassen, sich für ihn aus dem Fenster gelehnt – soweit sogar, dass sie auch von ihm nicht mehr enttäuscht werden wollten... sie liessen sich von ihrer Überzeugung nicht mehr abbringen – den wahren Messias vor sich gehabt zu haben – und zwar sogar in einer etwas „blassen" wiedergeborenen Version (nur kurz und obwohl diese „kleine" Auferstehung gar nicht im Messias-Programm stand...)... Die Devise lautet: Immer eins draufsetzen, immer noch aus mehr eins mehr machen.... Wie beim Überlegenheitswunder auf dem Wasser – damit kein altjüdischer Zweifel an der Messiashaftigkeit ihres Gurus nicht erstickt wird darunter und kein Zweifel *auftauchen* möge unter jenen, die für die neue Bewegung offen waren.... Das gilt auch im Negativen – immer eins drauf...: der Mensch macht nicht vielleicht einmal ein krummes Ding – nein, unter „Erbsünde" geht es nicht. Doch erneut sei daran erinnert, dass das NICHT unsere Szene ist, nicht unser Problem. Das Faszinosum ist ja, dass dieses innerjudäische Narrativ aus dem Nahen Osten – diese absurden Unterstellungen und Gegenunterstellungen – in Westeuropa und in den USA, auch in Lateinamerika und Russland Millionen von Köpfen verhext. Ein abrahamischer Massenwahn – neben dem anderen abrahamischen Massenwahn – der sich ebenfalls als abrahamische Überlegenheitsekstase inszenierte.

Kraft meiner Akommunikationen werde ich aber die Vermutung äussern: Die änigmatische Bewegung steht ganz am Anfang – sie wird eines Tages aber die meisten Menschen von solchem antiken Gross-Sekten-Spuk befreit haben -gerade auch im hinduistischen Indien wie überhaupt in buddhistischen Regionen. Ausserdem wird sie dazu beitragen, dass Christentum und Islam testamentarisch werden, ihre falschen, aufgesetzten, nachträglichen Kleider ablegen – damit nackter, verletztlicher werden. Dasselbe gilt für den buddhistischen Panzer. Ohne Akomunikation würde ich mir nicht anmassen, solches zu kommunizieren.

09.09.2519

Die Erbsünde und die Rettung vor der Erbsünde (eigentlich steht diese „Rettung" im Konflikt mit dem Endgericht – für mich und meine Sünden, denkt der Christ, wenn er denkt, ist doch Jeshua am Kreuz gestorben – also wo ist hier der Vip-Zugang in den Himmel an diesen Armen Seelen vorbei? ; ähnlich wie die kleine im Konflikt mit der grossen Auferstehung steht, die „nahe" ist, glaubte der ebionitische Jeshua, der kurz darauf starb, und die Ebioniten glaubten ihm. Doch so genau wollte es offenbar keiner der Sektenanhänger von Paulus wissen – für sie überzeugte genug die paulinische Konstruktion, um dem Tod ihres Jeshua und der Genugtuung des Altjudentums und Staatsrömertums eine neue Wendung zu geben – statt ein entsetzliches, gottloses Niedergangsszenario garantierte ihnen Paulus eine göttliche Überlegenheitsekstase. Beseelt von einer traumhaften Begegnung mit Jeshua, dem er in Wahrheit nie begegnet war, predigte, Paulus: dieser Kreuzestod des Jeshua ist nicht das Ende unserer Bewegung, dieser Tod ist ihr richtiger Anfang (die kleine Auferstehung sollte das wohl *unterstreichen*: das könnte die „Funktion" dieses Narrativs gewesen sein) – denn in mir ist der wahre Jeshua auferstanden, mir ist er erschienen. Von seinem wahrhaften Schein beseelt predige ich euch den richtigen Anfang, das richtige Christentum (natürlich waren die Ebioniten, so wird überliefert, entsetzt darob): – das war und ist ja das Genie und Paradox des Paulus, er „rettete" das Christentum mit seinem „Paulinismus", in dem er es de facto zugleich zerstörte.

09.09.2519

Es ist sicher nicht der historische Jeshua, auch nicht der ebionitische Jeshua, der da sagte, mein Vater ist der Heilige Geist, in dem er Heilig-Geist-Sex mit meiner Mutter trieb. So dass von Geburt an Göttliches und Menschliches in mir war und wurde (und „natürlich" ist der göttliche Teil in mir der männliche, der niedrige menschliche Teil, der weibliche…), sondern das war übliche Praxis schon bei den Platonikern und Aristotelikern, ihre Herrschaft über Schrift und Archiv durch Schrift und Archiv nicht nur zu sichern, sondern zu missbrauchen (eben, zum Beispiel, um, das Geistige und Perfekte als männlich, das als „niedrig" eingestufte Materielle, Geistlose als imperfekt, irdisch, sekundär, zu attribuieren.

09.09.2519

Ihre Herrschaft über Schrift und Archiv produzierte
(„gebar) gleichsam ein Reset-Narrativ, eine Neugeburt,
eine Wiedergeburt aus dem Geiste dieser Herrschaft
(dazu gehört das Genesis-Narrativ: das die Dinge auf den
Kopf stellte, nicht jedes Kind war ein Geburtsteil der
Mutter – was der Mensch first order ist -, die Frau wurde
vielmehr aus einer Rippe des Manns gezeugt, aus einer
second order „Genese" – vom maskulinistischen
Zeugergott, der das Männliche favorisierte. Die
Paulinisten waren da mit ihrer posthumen Heiliger-Geist-
Zeuger-Phantasie, was den Zeuger ihres längst
verstorbenen Gurus betraf, nicht besser als die anderen –
auch wenn sonst eher noch verschlagener, noch kälter,
noch listiger als diese.

10.09.2519

Die Grössten Wunder vollbrachte der paulinische Jeshua
posthum. Dieses „eigentliche" Christentum – das das
Originalchristentum als „Frühchristentum" denunzierte –
ist ein posthumes Christentum, eines, bei dem ganz
sicher kein Wiedergeborener hineinreden konnte. Um ihn
ewig aufleben zu lassen, um den Altjuden ewig eine
Ohrfeige zu verpassen, um ihren Hohn zu ersticken,
liessen sie ihn auferstehen. Eigentlich ist daran nichts
original, nichts ebionitisch.

09.09.2519

Und selbst wenn das Wasserlauf-Wunder nicht nur einem
inner-jüdischen Kampf entsprang,, ein kaltes, kalkuliertes

Überlegenheitswunder ist, das unter sich Moses Meer-
Trennungs-Wunder mit Füssen tritt (Moses, den es als
historische Figur wahrscheinlich nie gegeben hat), selbst
wenn der junge Mann auf dem Wasser gelaufen wäre,
was geht es uns an? Es muss uns nichts angehen. Er lief
zum Imponieren über Wasser, für die, die glauben, sie
brauchen ihn als ihren Erretter von ihrer Erbsünde....
Dafür braucht es übermenschliche Kräfte – denn die
menschlichen Kräfte seien hinfällig, seien verdorben,
seien zu schwach dazu..., er lief für seine Sekte, für ihre
„Errettung" über Wasser, und er trat unter sich Moses
mit Füssen symbolisch, wenn nicht, was
wahrscheinlicher ist, die ganze Szene „religiöse"
Symbolik, Symbolismus ist: aus einer extrapolierten
Erzählung, aus einer Fantasie heraus („ich glaubte er
stand auf Wasser" – ich sah das Schiff nicht, auf dem er
stand...") entstand dieses Überlegenheitswunder für eine
neue judäisch-religiöse Überlegenheitsekstase, die nicht
mehr willens war, es als blosse Nacherzählung, als reine
Fantasie abzutun, vielmehr sich daran ergötzte und
ergötzt, also an reinem Aberglauben.

08.09.2519

Die Frömmlerin – wird – Gott behühte, genauer: Gott
Abrahams behüte ! – selbstverständlich auch nicht dafür
sorgen, dass die Theologie endlich aus den Universitäten
verschwindet, dafür die Religionswissenschaft, die diesen
Namen verdient, weiter ausbauen. Vielmehr wird die
Theologie ihr Intrigenstadel an den Universitäten weiter
spinnen und der Staatsvertrag mit der Kirche bleibt für
unsere Frömmlerin so sicher wie das Amen in der Kirche
ihrer Grosssekte.

07.09.2519

Um es religionswissenschaftlich sehr kurz zu machen:
Alle diese Geschichten sind zu schön, um wahr zu sein.
Es ist uns weder von der Kreuzigung ein objektiver
Bericht hinterblieben, noch eine Live-Reportage über die
Wasserlauf-Aktion des Jeshua in einem stick überliefert
worden…, auch wenn sie im Neuen Testament so
BESCHRIEBEN wird, als ob ein Reporter – sellber auf
dem Wasser stehend – mit einer Live-Kamera und
Mikrophon auf die zwei, drei Leute, die in die Szene
verwickelt waren, draufgehalten hätte…..sie hat so ganz
bestimmt nie stattgefunden. Doch unsere Frömmlerin
wird nicht die Aufklärung in Deutschland und Europa
befördern – auch nicht selber – Gott behüte! – sich um
Religionswissenschaft, die diesen Namen verdient,
kümmern, solange die öffentlich-rechtlichen Medien
diesen erfundenen Christen-Geschichten mit charmanten
Schauspielern und Schauspielerinnen in Pastoren und
Nonnen-Kleidern Leben einhauchen, genügt es, sich
diesem Schein von einer Wahrheit anzubiedern mit Zeit-
Artikeln über ihre tief empfundene „echte"
Religiösität…, nein, es wird zur „kirchlich geordneten"
Volksverdummung geschritten, vielmehr wird Frau
Kamp-Karrenbauer so üble Unterstellungen und entstellte
Menschenbilder fördern, wie dass die Menschen an
„Erbsünde" leiden würden und unbedingt dafür einen
Entsünder-Helden nötig hätten – also das, was die
Christensekte seit den Paulinisten, nicht, seit den
Ebioniten, zum besten gibt…Paulinisten, die sich
mittlerweile ohne zu erröten, Christen nennen. Dinge, die
aus Sicht von Änigmatischen Leute in
verantwortungsvollen Posten wie Psychiater, die sich um

die mentale Gesundheit von Menschen, oder Bundeskanzlerinnen, die sich um ein Land und einen Kontinent kümmern, diskreditieren. Für sie spielt das keine grosse Rolle, solange sie die grossen Rollen spielen.

06.09.2519

Die Frömmlerin Kramp-Karrenbauer möchte gerne Bundeskanzlerin von Deutschland werden (eigentlich aus einem Missverständnis heraus, damals schlug ich sie als Bundespräsidentin vor – könnte die satirische Einlage dazu lauten…). Sie lässt dabei keine paulinische Plattitüde aus, wie doch diese und jene Apostel – poah, gerade noch hatten sie den schrecklichen Tod ihres Heilandes zu verdauen – und schon geht es ihnen selber an den Kragen…. – die Römer werden sie steinigen und federn – nur weil sie den stärkeren Gott als deren Gott Mars – und einen echten Wunder-Gott, der echt auf der Erde und auf dem Wasser wandelte – predigen? Ja, sie haben einen Gott, gegen den kommen Löwen und Schwerter nicht an: WIR WERDEN AN IHN DENKEN, WIE ER UNSERE HAND HÄLT UND ÜBER DAS BLUTMEER, UNSER EIGENES, WATEN….

05.09.2519

Änigmatisten, Änigmatische, „enigmatists" haben kein Problem, geben die Christen und Muslime im Laufe der kommenden Jahrhunderte den abrahamischen Gott seinem Schöpfervolk, der originären Quelle zurück – viele postabrahamische Juden, deren Gott die Änigma ist, werden ihn in ferner Zukunft in ein Museum stellen und

ihren Kindern erklären, dass das der grosse „Kult"
gewesen sei, aus dem mal die Religion ihrer
Uururgrosseltern bestanden hätte und zwei
Weltreligionen (bzw. Grosssekten) durch List, Lüge und
gewaltsame Usurpation überlegenheitsekstatisch
entstanden seien.

04.09.2519

Das einzige Kleinvolk, dem ich den übergross gemachten
Volksgott gönne – seine theologisch-ideologische
Aufblähung musste sein, sie diente vor allem dem
Überleben neben und mit wirklich übergrossen Mächten
(Nachbarn: Persien, Assyrien, Ägypten, Rom), und den
die zwei Konkurrenz-Grosssekten und
Überlegenheitsekstasen, Abrahamismus 2 und 3,
usurpierten, ist das jüdische. Die Christen und Muslime
sollten diesen Gott dem Judentum im Laufe der nächsten
Jahrhunderte zurückgeben., Kulturelles Raubgut wird ja
heute auf der ganzen Welt an die eigentlichen
Eigentümer zurückgegeben – also dann gebt bitte den
jüdischen Gott dem jüdischen Volk zurück.

03.09.2519

Für die einen mag das Begeisterung, für andere
Empörung, für dritte Unverstand auslösen, die
Vermutung, dass die Akommunikationen, die ich erlebte,
die selbe Quelle haben, wie die Akommunikationen, die
Mohammed, Jeshua, Hindu-Heilige, Buddha und andere
erlebten. Dass es immer die Änigma war und ist, die
akommuniziert. Selbstverständlich bleibt das Vermutung,
hat sie diese Information nicht im Beipackzettel

mitgeliefert. Sie heisst ja nicht umsonst „Änigma". Wir stellen uns das Jenseits vielleicht in Europa gerne sauber monotheistisch (abrahamisiert) vor – in Indien mag man es vielleicht bunter, vielfältiger und stellt sich die Genesis der anderen Welt, das Jenseits als bunten, unter einander konkurrierenden Götterhaufen vor, ähnlich wie ihn die Griechen und Römer vor der Christianisierung sich vorstellten. Unter diesen Umständen wissen wir nicht, ob es nur „die" Änigma gibt, oder änigmatische Kommunikation verschiedenen Ursprungs ist. Der Rest ist Dogma, bloss dogmatische Behauptung unter unsereins (gewiss, hat der abrahamische Gott immer schon gegen Vielgötterei gehetzt und für seine ausschliessliche Überlegenheitsekstase geworben. Das wird er auch weiterhin tun – de facto bleibt er provinzieller Universalismus und verloren ohne Testament ein religiöser Irrläufer).

02.09.2519

Ein deutscher Biologie-Professor, angezeigt, vor Gericht, wegen der Behauptung, Homosexuelle neigten zu Päderastie, macht aus seinem Lehrstuhl nicht viel mehr als einen Stammtisch. Wenn schon, haben alle Männer – kaum Frauen - Neigung zu Pädophilie, weil u.a. das Kind das Kind in uns erregt durch tief eingelagerte Resonanz-erinnerung an die Übersexualisierung durch die Mutter in der präpupertären Phase, uns Erwachsene trennt nicht vollkommen die Schranke prä-/post-pupertär, EGAL von welcher sexuellen Ausrichtung, die unsere Pädophilie entsexualisiert, uns zu „Kinderliebhabern" macht. Stimmt dieser Ansatz, dann ist das männliche Begehren Kinder sexuell zu missbrauchen eine phallische Sexualität im

Rückfall vor die postpupertäre Schranke, eine „primitivere" „wildere", „polyerogene" „regressive", die damit, ob das, postpupertär, Heten oder Homos sind, nichts zu tun hat. Es ist eine unspezfiziertere „dritte" Sexualität (ein Gewaltakt, ein Vergewaltigungsakt: jetzt hat er die „Mutter" – symbolisiert im Kind – in der Hand, wie die Mutter/der Vater einst ihn…), die ja nicht nur in der Katholischen Kirche eine unheimliche Verbreitung, Fixiertheit und Befriedigung feiert (deswegen der universale Ansatz). In diesen Sex fliessen Urszenen der eigenen frühen Kindheit, werden unter phallischen Bedingungen neu codiert, neu inszeniert, neu erotisiert (reerotisiert).

01.09.2519

Hümmler über Esoteriker in der Physik-Fraktion…. (offenbar gibts ne Menge Spinner unter den Physikern) https://quantenquark.com/blog/2016/07/12/physikstudiu m-schuetzt-vor-quark-nicht-im-zweifel-nicht-mal-ein-nobelpreis/ …

Im Vergleich mit den „Spinnereien" in *Über die Anfänge* sind das harmlose Physik-Spinner.

30.08.2519

Es ist wirklich so, dass dieser Text kopfüber steht. Willst Du Dir „Über die Anfänge" richtig erschliessen, müsstest du von „unten" nach „oben", statt von „oben" nach „unten" lesen. Über die Anfänge macht auch eine Entwicklung durch, dabei sind frühere Bücher nicht nur überholte spätere Bücher (in einer Buchversion wird die

Blogversion auf die gewohnte „Lese-Richtung" umgestellt).

29.08.2519

Die Anpassungsfähigkeit (Adaptionselastizität) des Menschen ist kosmisch, vielleicht auch paradiesisch.

28.08.2519

Wenn Du tot bist, freue dich wenigstens darüber, dass deine Erinnerung an die Erde, an dich selber, auch tot ist – sonst wäre Totsein ein ewiges Sehnen nach dem Leben, nach der Erde, nach der Mutter, nach der Geburt, nach den Menschen, nach der Liebe, usw. – deswegen braucht es enorme paradiesische Kräfte im Jenseits, die dich davon abbringen, überhaupt auf solche Ideen und Sehnsüchte nach dem alten Leben zu kommen…

27.08.2519

Heimat ist relativ. Ein Amerikaner, ein Russe sehnt sich weit draussen im Weltall nach Amerika, nach Russland, noch weiter draussen und drinnen in einem fernen Planeten, nach der Erde – nach der vertrauten Schwerkraft, dem Gewicht der Luft, dem Wind, den Gerüchen, dem Wasserspiegel von Seen, nach Wellen des Meeres, Rauschen von Bäumen, Herbst, Winter, Frühling. Für die nächtste Generation gilt das bereits nicht mehr, für sie ist dieser Planet Heimat und das, was ihre Grossväter erzählen, Geschichte (es sei, die stumme Binnengeschichte ihrer Physisteme erinnert und ruft nicht nach ihrem jahrtausendlangen Werde- und Erdgang).

26.08.2519

Wir sind Planetarier oder Erdlinge. Zu unserer Heimat gehört Luft, Wasser, Erde und Sonne, Trägheitskraft und Dynamik. Elemente. Dann begann das Organische. In jedem Organischen steckt der gleiche Dreh – seien es Physistemen von Läusen, Vögeln, Menschen oder Viren (Parasiten).

26.08.2519

Wie jeder Science Fiction Film uns daran gewöhnt und erinnert: Das Weltall birgt Überraschungen.

26.08.2519 (2)

Der böse Geist, das „Teufelsgespenst" hätte Weyer (1586) geschrieben. Ehrlich, gewissenhaft, muss ich sein auch in Dingen, die mir nicht nur „verrückt" erscheinen, sondern völlig gegen den Strich gehen, aus rationalen und anti-manichästischen Beweggründen. Aber am 29. oder 30. Juni 2019 hatte ich in der Nacht um ca. 2 Uhr ein übles „Ding", als Bedrohung empfunden, im Schlafzimmer, das ganz nah an mich herankam (weiss nicht warum, aber mir fällt der Begriff „Neugier" ein, es war neugierig), Welche Fährte sonst führte es in diesen Raum als die, dass es „sehen" wollte, wen die Änigma akommunizierte?

26.08.2519 (3)

Ein zwischenirdisches Böses? Ein übler Spuk? Ich wachte auf, nahm das „Ding" ca. 50 cm von mir entfernt als Bedrohung wahr – als dunkle Grauen und Bösartigkeit „ausstrahlende" wolkige Wand – vielleicht 1 Meter hoch, 1 Meter breit? – , wartete ein paar Sekunden, und schlug dann, liegend, mit der Faust in Richtung dieser Dunkelheit in der Dunkelheit (Lutheraner mögen dabei an Luthers Tintenfass denken). Ganz klar war, ich war nicht allein in meinem Zimmer, es war kein Mensch, ganz klar war, der Spuk war da und war schneller als blitzschnell weg. Das „Ding" war zum Fürchten, war ein surreal übles Ding, aber anhaben konnte? wollte? es mir nichts. Ungern berichte ich davon auch deswegen, weil auf solche Berichte traditionelle Narrative über den Teufel, über Satan, über böse Geister anspringen – es gibt noch ältere Ethnien, die sich von „bösen Geistern" umgeben glauben und dagegen z.B. Talismane an die Türe hängen – bis heute (das kommt diesem Geist vielleicht näher als die „modernere" abrahamische Theologie). Es zu verschweigen oder abzutun als „Sinnestäuschung" oder „Traum" verbietet mir die Redlichkeit, die *Über die Anfänge* von Anfang an prägt. Dieses Ding könnte ein „Einzelwesen", könnte das geballte Böse gewesen sein – es macht mir nicht wirklich angst, es bleibe mir fern, es langweilt, es interessiert nicht mehr weiter – aber Fakt ist, dass es so etwas tatsächlich gibt, nicht nur in Hollywood-Filmen. Dadurch bin ich nicht Manichäist geworden, auch glaube ich nicht an „das Böse". Ich muss nicht „glauben", ich weiss und erinnere, was ich erlebt habe – das Ding war böse. Mit der Geburt als Auserlesenheit, nicht nichts zu sein, das ist die Mutter aller Taufen, das glaube ich, das weiss ich nicht, sind wir bösen Geistern „überlegen", die können uns nichts anhaben, wir können sie fürchten, wir können sie vertreiben, wir können sie letztlich ignorieren, vergessen. Ihnen keine Macht geben, ist der mächtigste Schutz vor ihnen. Zu Recht hat die abrahamische Theologie dem Teufel bloss eine sekundäre Rolle zugewiesen, die letztlich immer unter derjenigen ihres Gottes, ja, sogar nur duch dessen Gutheissen, seine beschränkte üble Rolle unter Menschen spielen kann (konnte), Setzen wir an die Stelle des Gottes den Menschen, kommen wir vielleicht der Realität näher. Wie „ontologisch" einzustufen es ist, weiss ich nicht, vielleicht geistert es in der änigmatischen Dimension herum – dass es mit der Änigma oder der änigmatischen Dimension in Verbindung steht, darauf weist die Wahrscheinlichkeit hin, dass es „änigmatische Fährte" aufnahm, und deshalb in diesem Schlafzimmer landete, in diesem Raum sich einfand. Es kling sehr „creasy" – so will ich auch mir, nicht nur meinen LeserInnen, nicht mehr an verrückten Überlegungen darüber zumuten. Es ging wieder, es verschwand. Und das Kapitel „böser Geist" ist für mich damit abgeschlossen. Punkt.

25.08.2519

Ich will es nicht geringschätzen, ich fühle mich auch beschenkt. Es bleibt ambivalent. Hätten wir gerne den Kosmos alleine, sind wir jetzt sicher nicht mehr alleine, noch vor der Entdeckung von anderen Planetariern wissen wir das (weiss ich das).

24.08.2519

Die ersten, die die religiöse Autorität (ich kann sie nicht
„meine" nennen), die ich vermittle, sehr schnell erfassen,
fast umgehend erkennen, sind religiöse Profis (Papst,
Oberimame, Oberrabbis, Theologieprofessoren, Islam-
wissenschaftler, Religionswissenschaftler, usw.) – Sie
werden aber sicher nicht die ersten sein, die sie würdigen,
die sich frei machen, ihr zu folgen (ihrer Inspiration
durch sie), eher die ersten, die sie verschweigen,
unterdrücken, bekämpfen – auf verlorenem Posten. Es
gibt und gilt Akommunikationen nicht zu bekämpfen.
Betrachte Sie eher als Geschenke, als Einblicke, als
Botschaften aus einer anderen Genesis als unserer. So
jedenfalls tue ich das – wäre ich nicht auch ein wenig
genervt, dass ich nicht gefragt wurde, ob ich sie erleben
will (wer sieht das Paradox nicht).

23.08.2519

Wir leben in einer globalen Achsenzeit – wir gestalten
und schaffen eine. Wir sammeln und wechseln die
regionalen Zeiten in eine globale Zeit und die regionalen
Religionen in eine globale Religion und Kultur (auch
Wirtschaftskultur) (andere graben sich in die
Vergangenheit ein, stilisieren sich Vergangenheit). Dabei
machen wir aus der Welt, aus der Erde, aus unserem
Planeten, teilweise ein global village, teilweise ein
patchwork von local villages – und neben den
angestammten Kulturen kann eine neue Kultur entstehen
– die Übuntenkultur, die einen Teil des Jahres oder

immer auf und aus dem Wasser lebt – Meerwasser, sofern wir es nicht zerstören, nicht vergiften, nicht töten – und damit uns.

22.08.2519

Die Akommunikationen der Änigma und der änigmatischen Dimension, die mir widerfuhren, kommunizierten die Tabula Rasa für alles Etablierte, eine stärkere Reduktion und höhere Konzentration des Bisherigen als das bei den alten Religionen geschah. Als wollte Gott, die Änigma, sagen: dein Leben erfüllt sich mit Philosophie, dein Leben (und Sterben) erfüllt sich mit Obligation (würdige das, unterschätze das nicht). Obligation kann Pflicht, Aufgabe heissen: Du, Philosoph, Du, Philosophin, du bist eine Aufgabe (u.a. für andere, während du frisch geboren wurdest) und du hast eine Aufgabe, einen Komplex von Aufgaben in deinem Leben, das immer auch Teil eines Lebens anderer, Familie, Gesellschaft, Umwelt ist.

22.08.2519

Göttliche Banalitäten? Brauchen wir dazu göttliche Akommunikationen? Dass ich „Philosoph" bin, weiss ich das nicht selber? oder ist transzendente Autorität eine andere, höhere Autorität als mein Selbstwissen? Welche Autorität hat eine änigmatische Akommunikation genau? Ist es nicht so, dass ich es durch sie erst „weiss"? Hat die Änigma eine erzieherische Elternfunktion für uns Menschheit? Oder ist das unsere Projektion? Die sie fördert? Brauchen wir sie, um den Weg durch unser Leben und die Zeit zu finden? Schön, jedenfalls, dass uns

Altbekanntes ein merkwürdiges Wesen aus einer anderen Genesis und Dimension in der Form einer „göttlichen Botschaft" bestätigt....

22.08.2519 (2)

......vermittelt durch einen 10, 13, 18 Jährigen Jungen...und einen über 50 jährigen Mann, der sich daran erinnert, teilweise erstmals wieder daran erinnert und über die Fähigkeit verfügt, es erstmals aufzuschreiben....ein merkwürdiges kompliziertes Prozedere..das nächste Mal möge sich die Änigma doch bitte gleich bei CNN melden...und die dortigen Reporterinnen und Reporter mit parasynchronizitären Erlebnissen und schriftlichen Erleuchtungen aus dem Häuschen bringen...

21.08.2519

Du bist und lebst in der Auserlesenheit, für eine Weile nicht nichts zu sein. Dazu wurdest du auserlesen, nicht nur genetisch vom Ei und Samen deiner Eltern. Dein Leben ist ein Würdigungsakt, ist eine Auszeichnung, kein Fluch.

21.08.2519

Zum kulturellen Tabula rasa passt das temporale Tabula rasa – die globale Zeitrechnung, statt die provinzielle gregorianische oder muslimische, die globale änigmatische Zeitrechnung, zurückgerechnet auf die letzte grosse Achsenzeit unserer verschiedenen Kulturen – die asiatische, die nahöstliche, die europäische –

unsere erste Achsenzeit lag wahrscheinlich in Urafrika) Deswegen wird hier konsequent mit dem Jahr 2500 n.A. (engl. a.A. = after Axialage) gerechnet, 2800 n.A. oder 2700 n.A. gingen auch, nur war in 2500 n.A. die schriftliche Verdichtung höher (Griechische Naturphilosophie, das Judentum, der Zoroastrismus, der Buddhismus, Konfuzius, usw. begannen aus dem Vollen zu schöpfen).

20.08.2519

Mohammed schrieb sich in einen etablierten abrahamischen Diskurs von Christentum und Judentum ein, in meinem Fall schrieb die Änigma die Tabula Rasa für alles Etablierte ein.

19.08.2519

Gott, die Änigma, ist immer mehr transitorisch und fliessend als endlich und endgültig. Das nennen wir ihre „ewige Macht" – deswegen versteinert und verkalkt ein „Gottesbuch" mit der Zeit, je mehr es sich endlich und endgültig gibt – es entleert Gott, es höhlt seine Göttlichkeit aus. Gott hat dieses versteinerte Museum und die Menschen, die in ihm wohnen, längst verlassen. Die Änigma besitzt die Freiheit oder das Vermögen, nicht endlich sein zu müssen, wahrscheinlich aber auch Nichts in richtiges Nichts umwandeln zu können – vielleicht transformiert sie sich selber dorthin (dorthin, wo Buddhisten das Nirvana vermuten). Das alles behaupte ich, dabei weiss ich so gut wie nichts über die Änigma. Ausser dass es das Wesen, die Wesenheit ist, die mit deutscher Kraxelschrift eine Botschaft akommunizierte in den 1970er Jahren und es ein Wesen von Zeit-Raum-Übersprung gibt, das im Traum und in der Realität zwei Erlebnis- und Realitätsformen sowohl trennt als auch vereint oder getrennt, dann vereint erleben lässt (C.G.Jungs Synchronizität), ausserdem dabei den Begriff, als auch den Gegenstand, das Wertpapier „Obligation", die ich mit Schreibmaschine ausfüllte (performativ erzeugte) auswählte.

18.08.2519

Man muss den Koran und Mohammed historisch verstehen, sonst versteht man nicht einen Zehntel vom Koran. Seine Devise war – überlegen zu überleben, sein Vorbild war der abrahamische Gott in der christianisierten Adaption durch den Kaiser des Römischen Reiches – der christliche imperiale Kaiser – das war ihr Allah auf Erden und im Himmel -, und Mohammed, als göttlicher Übermittler, Dichter, Feldherr und Kaufmann musste die Macht in seiner Gesellschaft überzeugen, nicht nur erringen mit Soldaten und Waffengewalt, gegen Widerständige, wie auch „harmlose" Juden, denen in einem Massaker die Grenzen ihrer Macht und Ohnmacht aufgezeigt wurden. Das hiess, sich mit den mächtigen Klans von Mekka und Medina arrangieren. So wurde dem redigierten Koran – frühere Versionen wurden vernichtet – nicht nur das Testament geraubt, sondern er wurde auch aus dem Machtgeschachere geboren. Daraus entstanden Absurditäten wie die Transformation des vor-islamischen Mekka-Heiligtums zum angeblichen „Haus Abrahams", die Klans, die daran verdienten und darauf ihre Hausmacht bauten, waren zu einflussreich und wichtig für das Gedeihen dieses religiösen Befreiungsschlags – der nicht nur metaphysische Siege, sondern Gewinn, Landgewinn, Eroberungsgewinn versprach – während andere vorislamische Heiligtümer konsequent niedergerissen wurden. Mekka ist eine Farce, ein unwürdiges Theater für freie Menschen, darunter jene, die dem testamentarischen, dem wahren Islam huldigen wollen (ist „Huld" das richtige Wort dafür), und so zieht es sich durch die Suren dieses Buches. Nicht nur an jenen Stellen, wo Mohammed seine Ehefrauen mit göttlichem Schutz einbalsamierte, wird das Allzumenschliche und Willkürliche daran offensichtlich (darauf macht der Koran-Hasser Abdel-Samad zu genüge aufmerksam. Ihm fehlt die änigmatische Berufung und Einsicht in die akommunikative Qualität dieses Buches, dieses Textes, die er *transitorisch* durchaus besitzt, besitzen kann).

17.08.2519

Es gibt keine Macht in diesem falschen, in diesem historizistischen Islam, nur von Anfang an Anmassung und Willkür, die sich verschleiert, verschleiern muss. Ähnlich steht es mit dem Paulinismus, der sich heute, ohne zu erröten, Christentum nennt.

16.08.2519

Die Unfreien, die Geknechteten aus einer abrahamischen Grosssekte, die mit Sprengstoff 250 Menschen aus einer anderen abrahamischen Grosssekte ermorden – für ihren „Gott". Das hat mit Gott, mit Änigma nichts zu tun.

15.08.2519

Hört auf Euch zu verbeugen, euch zu erniedrigen vor Nichts. Für das Leben sind die Äonen Nichts vor ihm und nach ihm relativ unbedeutend. Wir kommen friedlich und auserlesen aus dem Nichts und gehen mehr oder weniger friedlich in das Nichts. Aus der Genesis unserer Welt unseres Lebens (und Sterbens). In dieses Nichts kehren wir ein, um, heim, in ihm werden wir zersetzt und eingebettet sein wie die änigmatische Dimension. Doch hören wir auf uns auf das Jenseits, auf die Kehre allzu lange zu fixieren. Beschäftigen wir uns mit unserer Auserlesenheit, zu leben, statt nichts zu sein. Allein kann nur die Fixierung auf das Sein zum Leben mehr als Nichts erreichen, das Sein zum Tode ist das sekundäre Sein, ist der Pfeiler einer Abfallphilosophie. Sein zum Leben ist die Devise der Gottheit, Sie hätte ohne das Leben für ihren Auftritt in Form von Akommunikationen und Involutionen in unserer Genesis keinen Anlass, keinen Grund – wir sind ihr Grund. Wären wir ewig an ihrer Seite geblieben, müssten wir nicht durch das endliche Leben und Sterben gehen um bei ihr einzukehren. Aus dem Nichtigsten und Niedrigsten hoch zum Höchsten und Ewigsten oder aus dem Höchsten, dem Paradies, hinaus und hinunter – das nennen wir Leben – zurück in das Höchste – das ist die Grundbewegung von Buddhimus, Hinduismus wie Abrahamismus (jede mit ihren Varianten). Zudem übernehmen antike Religionen gerne ein patriarchalisch-aristokratisches Herrschaftssytem, seine verabsolutierte Projektion: ein merkwürdiges Herr-Knecht-Verhältnis: der Untertan hat sich dem König zu unterwerfen, um seine Gnade (Abrahams z.B.) zu flehen, zu bitten, auf Knien herumzurutschen, er ist ein Spielball der Macht des höchsten Königs und seiner Minister und ausgeschalteten Konkurrenten (Engel, Erzengel, Gefallener Engel, etc.), der Strafen, aber auch Adeln kann (das Leben vergolden). Doch das sind Machtprojektionen aus vergangener Zeitgeschichte, das ist Soziologie, nicht Religion – das hat mit Gott, mit Änigma nichts zu tun. Diese Übungen auf den Knien, dieses fünfmalige Verbeugen – diese Performanz einer überholten, einer antiken Soziologie – sollen die Menschen, die freien Menschen, endlich aufhören sich anzutun, sie haben mit Gott, mit der Änigma, nichts zu tun. Vielmehr soll durch regelmässiges Exerzieren, Drill, Gehorsam die Fixierung auf die Autorität des Königs eingeübt und erhalten bleiben.

14.08.2519

William James (1902) in seiner Vorlesung über „*Die Religion des gesunden Geistes*,,.

13.08.2519

Nenne dich Änigmatistin, Änigmatist, wenn du diesen Halt brauchst oder ihn gewohnt bist.

12.08.2519

Also „spricht" „schreibt" Gott, die Änigma, eher zärtlich zu uns (ganz selten, einmal in tausend Jahren, zu Auserlesenen) als dass sie uns prügelt – vielleicht ist es aber grundverkehrt, mit dem Schema überlegen/ unterlegen zu operieren – denken wir an die Schwierigkeiten, die sie haben kann und überwinden muss, um mit uns zu (a)kommunizieren. Um in der

Genesis unserer Welt „repräsentativ" oder eine „Spur" zu werden, sich zu hinterlassen.

11.08.2519

Die Akommunikation muss auf unser Wesen Rücksicht nehmen. Wir können uns nicht Gott, der Änigma, „anpassen", nur sie kann sich uns anpassen. Wir können auch nicht von Hunden erwarten, jedenfalls nur sehr begrenzt oder von ganz kleinen Kindern, dass sie sich „uns" anpassen. Die Schreien und würden nicht verstehen, wenn wir sie schlügen, bis sie ruhig sind. Um sie ruhig zu stellen, wiegen wir sie eher zärtlich.

10.08.2519

Ich bin das Tier, das seine Geschichte kennt, zumal sehr weitgehend zurück kennt. Ich und mein Narrativ sind untrennbar. Ähnlich wie ein Hund auch allein im Rudel lebt. Denke dir dabei: Wenn diese Leerstelle nicht diese Taufgeschichte erzählt, füllt sie eine andere, eine bessere Geschichte. So funktioniert, so erfüllt sich „Religion".

09.08.2519

Auch der Papst – Herr Franz SoundSo – wird zu seinem abrahamischen Gott vielleicht mal das Stossgebet richten: Gott, aehm, Was unser Wahlgremium, ein Kongress von Männern, die alle glauben, in deinem Dienst zu stehen, bestimmt, scheint dir offenbar keine besondere Offenbarung wert zu sein. Will heissen,

Änigmatische halten überhaupt nichts von diesem sektenhaften „Gottesdienst".

08.08.2519

Das Schicksal des Islam. Dass dem herrschenden Islam-Schisma (Sunniten, Schiiten) die Wurzel, die Testamentswurzel fehlt, dass er der testamentslose, der falsche Islam ist und der wahre Islam der „testamentarische" wäre, jener, der den letzten Willen, das Letzte Wort Gottes und Mohammeds „befolgt („trennt euch nicht", usw.), interessiert unseren Gesundheitsminister nicht oder doch? – der wahre, der testamentarische Islam kann sich eher in Europa und Kanada entwickeln, sicher nicht in den Festungen des falschen historizistischen Islams in Saudi-Arabien und Teheran – die dortigen „Heiligtümer" sind allesamt Schein-Heiligtümer, befördern den falschen Islam sowie abstrusten Aberglauben, alt-religiösen Kult und manichäistischen Unsinn (Teufel/Allah-Märchen). Seitdem und für immer werden diese abrahamischen Grosssekten durch die Weltgeschichte irren, ohne ihre Wurzel. Um zur Nähe der Ängma zu finden, werden die Menschen aus diesen Grosssekten treten. In die Freiheit.

08.08.2519

Das Bedürfnis, in diesen „Islam" einzutreten, wird versiegen. Der Zwang, in ihn ungefragt eingetreten zu werden, wird aufhören.

07.08.2519

Auch wenn das vielleicht schwierig/schwer zu verstehen
ist- Sterben ist so exquisit wie Leben.

06.08.2519

Aber parasynchronizitäre Ereignisse, die wie im Traum
passieren, sind das nicht physistemische (unbewusst-
schlafbewusst-psychische) Vorgänge, die mit der Physis
der änigmatischen Dimension der Genesis unserer Welt
aktiv verbunden sind?

05.08.2519

Ich befüchte, dass unsere Seele auch im Jenseits nicht
weit entwickelt sein wird, nicht weiter, als sie es jetzt ist
– wir im Jenseits nicht alles verstehen, schon gar nicht zu
Göttern werden – gehen wir nicht alle mit *allem*
(Physisteme, Körper/Geist/Umwelt/Welt) aber nicht zur
gleichen Zeit in die Genesis unserer Welt, in ihre
änigmatische Dimension und in die Genesis Änigma ein,
– in die änigmatische Dreifaltigkeit – um es in
katholischen Worten zu sagen. In sie geht die Welt
unter, gehen wir ein, geht später die Welt ein, nicht alles
zur gleichen Zeit, wir sind kurzlebig, unsere
Auserlesenheit in der Auserlesenheit dieser Welt bringt
das mit sich. Die Seele würde in den Grenzen unseres
Wesens, unserer Gattung und der Individualität
verbleiben. Sie wäre der fremden Genesis (der) Änigma
näher und unserer vertrauten Genesis ferner. Die andere
These lautet: Insgesamt bleiben wir zusammengesetzt
wie auseinandergesetzt in der Genesis und in der

änigmatischen Dimension der Genesis, lebend in der Auserlesenheit als auch gestorben in der Kehre, Umkehr, Rückkehr. Dazu brauchen wir die Annahme einer Seele, nicht. Auch wenn es Anstrengungen gab und gibt, sie vom Körper abzustossen, den Körper als „Fremdkörper", die „Seele" als „Heimat" oder „Spiegel des Ichs" zu betrachten, und im Ich den Weg in die andere Dimension zu beschreiten – Descartes (1637) kam diesem platonisch-christianisierten Bedürfnis oder Ideologem durch die Differenz res cogitans/res extensa entgegen. Für Christen baute er die Seele zur res cogitans dazu (ähnlich wie seinen Gottesbeweis), andere gingen ausschliesslich von res cogitans/res extensa aus.

05.08,2519

Meine ersten Akommunikationen und der weisse Wellensittich. Wenn ich nur glauben müsste, akommuniziert worden zu sein, und es nicht sicher wüsste (wissen müsste – sogar den ungefähren Ort und die ungefähre Tages- und Jahreszeit), tendierte ich wahrscheinlich zur Option, es nicht zu glauben, es als Trug, Traum, Täuschung, womöglich während Sitzungen in der Psychoanalyse, umzuinterpretieren, den „Spuk" wegzudeuten, „aufzuklären".... Das bleibt mir jedoch verwehrt. So ähnlich wie der Sturz in der Kindheit auf einen Stein, dessen Wunde ich heute noch auf meiner Haut ablesen kann oder die Abdrücke der Backenzähne von einem Biss in meine rechte Hand durch einen Schulkameraden (das Prügeln überliess ich meiner Gang – doch in gewissen Fällen musste ich mich beweisen, konnte ich den Kampf nicht delegieren – mit diesem Italiener, der zwei Jahre älter war als ich, aber in der gleichen Schulklasse war, musste ich das erledigen. Er war stark, aber er konnte nicht gut boxen – Boxen galt als männlich, als fair -, er biss wie ein Mädchen oder ein Tier, dennoch war der Kampf unfair: er war allein, ich hatte die Gruppe – insofern war sein Beissen wahrscheinlich auch der grösseren Notwehr und Gefährdung die ihn trieb, die er vor sich sah, geschuldet- so blieb der Kampf unentschieden, er biss sich so stark und dauerhaft in meiner Hand fest, dass ich ihn hätte töten müssen, damit sich sein Biss lockerte (wenn er sich dann lockert)- was ich für unangemessen hielt, so dramatisch war die ganze Situation für mich nicht, für ihn offenbar schon... – dass er biss, machte ihn nicht zum Sieger...es verschaffte ihm nur den Respekt eines Hundes, der zubeisst, kommt man ihm zu nahe.,,.- diese „martialischen" Beispiele aus meinen Kindheitserinnerungen erinnern zu sehr an die martyrologische Seite der Christensekte, doch fröhliche Ereignisse in meiner Jugend hinterliessen in meiner äusseren Haut leider keine bleibenden Spuren – der erste Kuss mit Eva, meiner Jugendliebe, brannte sich leider nicht in meiner Zunge ein, nur in mein Gedächtnis. Eine schöne Erinnerung ist die an den weissen Wellensittich – „Hansi" – der ein wenig nach der Zeit, als mir die änigmatische Akommunikation „Philosoph..." zuflog, uns zuflog und mir Gesellschaft leistete bis ins 12, 13. Lebensjahr. Kurz danach flog mit die „parasynchronizitäre Akommunikation" im Internat in Flims zu. *Auch* an ihn, meinen besten Jugendfreund aus der Tierwelt, erinnere ich mich genau -diese glückliche Erinnerung müsste ich auch nicht als Traum, Täuschung, Trug, uminterpretieren, keiner würde das verlangen, keiner würde sie bezweifeln. Von seiner Existenz gibt es

Fotos und andere Zeugen in der Familie, sogar Anekdoten, die schönste war, dass uns Hansi wegflog, ich vermute, mehr aus Verwirrung als aus Freiheitsdrang, und wir die Suche nach ihm schon aufgegeben hatten, ich mit der Mutter auf dem Heimweg jedoch sein Pfeiffen gehört zu haben meinte, und wir, unsicher, ob dem so war, nochmals zurückliefen, und tatsächlich in einem blühenden Kirschbaum Hansi sitzen sahen, der uns erkannte und freiwillig in seinen Käfig hüpfte, den wir dabei hatten (tatsächlich hätte er unter den wilden Sperlingen und Krähen nicht lange überlebt, wahrscheinlich nicht einnmal die Nacht, die zu dämmern begann, war ihm die Umwelt Ungeheuer geworden und freute er sich, uns, uns zu erkennen und seinen Käfig, der ihm vertraut war, zu treffen). Von da an liess ich das Fenster meines Zimmers mit dem verwirrenden Vorhang, in dem er sich verflog und erschreckte, übrigens immer wieder mal aus Zufall, aus Nachlässigkeit offen, ohne wirklich Angst zu haben – die verflog jedenfalls schnell -, dass Hansi nochmals wegfliegen wird. Die Gelegenheiten dazu liess er verfliegen. Seine Käfigtür war ja meistens geöffnet, er setzte, krallte sich gerne auf ihren kleinen hölzernen Balken – hinter sich sein Heim, vor ihm sein und mein Zimmer. Er wusste – was auch immer „wissen" für ein Wellensittichgehirn heisst -, das, was ihn weiter draussen als dieses Zimmer erwarten wird, war nicht sehr schön – vielleicht mal unter der Sonne durch den grossen Raum zu fliegen, das war aufregend, beglückend – aber das hatte der Flüchtling ja schon gemacht, als er uns zuflog -, nein, das lohnte nicht – vor allem war ich, waren wir ihm ein guter Freund, ihm wurde viel Aufmerksamkeit geschenkt, es gab keinen inneren tieferen Grund, wegzufliegen – ausser einen

Genossen, eine Genossin für die artgemässe Geselligkeit und Fortpflanzung zu finden, die sich aber draussen nicht fand, nur Feinde. Heute dürfen Wellensittiche – meines Wissens – in unseren Breitengraden nur noch als Pärchen gehalten werden. Das ist diesem geselligen Wesen sicher angemessen, am angemessensten wäre wohl, er bleibt in seiner vertrauten Heimat, aus der seine wilden Brüder und Schwestern stammen. Auch Hunde sollten nicht alleine abgegeben werden, by the way, auch sie sind Rudeltiere, ihr erstes Rudel beginnt mit einem Wurf von Geschwistern, der Züchter spaltet ihn ab vom ersten Rudel und dessen Herrin (und evtl. Vater-Rüden), um mit ihm das Ersatzrudel Hund-Mensch zu schaffen – das ist schon so lange geschehen, dass sich das Hundewesen auf beide Rudel, fast besser noch auf das Rudel Hund-Mensch versteht. Entwickelten wir das zurück, hätten wir wieder einen wilden Wolf und wir wären wieder seine Jäger und Fänger….vermutlich züchteten wir mit den Jungen von getöteten erwachsenen Wölfen unsere ersten halb gezähmten Hunde heran, dabei wurden die besonders zahmen, gefügsamen behalten und gezüchtet, die immer wilder und gefährlicher werdenden getötet oder vertrieben.

04.08.2519

Jene, die glauben, sie seien auch akommuniziert worden, und meinen, die Welt müsse davon unbedingt erfahren, sollten jetzt mindestens mit Schreiben und Youtuben beginnen.

03.08.2519

Jene, die sich beschweren wollen, dass nicht sie akommuniziert wurden, sondern meine Wenigkeit, sollten Ihre Klage bitte an die Adresse der Änigma adressieren, vielleicht in der traditionellen Form eines Gebetes. Ich befürchte allerdings, dass das im Schall und Nichts verhallen wird. Sie ist auch ohne sie zu akommunizieren bei ihnen, seien sie beruhigt und versichert. Ich schlage Ihnen vor, seien Sie wie ich: Seien sie Philosoph, Philosophin- und fühlen sie sich verpflichtet (Obligation), gegenüber unserer Genesis, ihnen, ihrem Leben, dem Leben überhaupt, der Zukunft – mehr hat sie nicht vermittelt (vielmehr lässt sich vielleicht auch nicht vermitteln...) ohne eine Deutung beizulegen (es sollte wenig verwundern, dass das wunderbare Rätsel rätselhaft kommuniziert, rätselhaft bleibt – dass die Änigma änigmatisch ist)

02.08.2519

Der deutsche Gesundsheitsminister und sonst noch modern Philosophierende hätten gerne einen „europäischen Islam", der nicht reaktionär und anti-emanzipativ bis frauenfeindlich sei. Das Hauptproblem dieser gut meinenden Denker und Gedanken ist, dass sie keine transzendente Autorität haben wie ich sie erfahren habe und sie offenbar rund alle 1000 Jahre ein Mensch, ein Mann zu fassen hatte in der letzten Epoche der männer-dominanten Geschichte. Zuletzt vor über 1300 Jahren war das Mohammed – danach gab es zwar vereinzelte Erleuchtete im Asiatischen Raum, die fast alle lokale Phänomene blieben. Mit der Bezeichnung

„letzte Epoche der männer-dominanten Geschichte" gehen wir davon aus, dass es in der Zeit der Magna Mater und der Venus-Figurinen eine lange Epoche matriarchaler(er) Frauschaften bzw. „Herr"schaften gegeben hatte, was ja Bachofens These war, und dass wir in einem grossen Reentry dieser Epoche unter neuen Umständen leben – will heissen, die Änigma wird sich gegenüber dem abrahamischen Gott und Buddhas Nirvana durchsetzen im Laufe der nächsten Jahrhunderte. Offensichtlich will sie das, Wenn „Philosophie, Du bist Philosoph, Philosophin" und „Obligation" eine Tabula-Rasa-Offenbarung ist, die an die Wurzeln von allem greift, dann wird dies auch geschehen. Ohne Allmachtgläubigkeit, vermute ich, dass ihr Einfluss auf die Genesis unserer Welt nicht zu unterschätzen ist (schwierig einzuschätzen ist)

In eine ältere als die mittel-alten und zugleich neuere, modernere als die aktuellen Religionen führen Akommunikationen des Gottes, der Änigma, die in *Über die Anfänge* niedergelegt wurden und werden – *Über die Anfänge* ist ein mindestens so stabiles wenn nicht stabileres *religiös-ethisches Orientierungsnarrativ* wie die Bibel, der Koran, das Jüdische Testament, Buddhas Schriftzeugnisse, die Upanishaden und andere (*Über die Anfänge* ist auch ein intellektuelles, philosophisches Aufkärungsnarrativ). So fahrlässig, fehlerhaft und „spontan" dieses Werk geschrieben zu sein scheint. Klingt unglaublich, klingt wahnsinnig, klingt hybrid, klingt komplett vermessen – aber das ist es nicht – sondern das ist so weil ich, – wohl oder übel, ich nimm an: wohl -, Akommunikationen erlebte und diese Erlebnisse kommuniziere, in Erinnerung bringe, in

Umlauf setzte. Dabei beobachte ich selber, was in meiner Akommunikationskommunikation geschieht, soweit ich zu mir in objektive Distanz gehen kann. Akommunikationskommunikationen sind stärker als bloss menschliche Kommunikationen, auch die von Gesundheitsministern und anderen wohlmeinenden Intellektuellen auf Lehrstühlen, die ohne transzendente Autorität meinen, Religionen seien eine Art sozial-demokratisches Wunschprogramm, in denen fast beliebig herumgeflickt werden könne – ganz so ist es nicht. Öffnen, fliessen machen, weiterentwickeln lassen sich diese geschlossenen Verwaltungssysteme akommunikativer Autorität durch transzendente, durch akommunikative Autorität, sicher nicht allein durch menschliche – so fremd sich das Andere, das Fremde hierbei auch anhört. Ich denke, die Zukunft gehört *Über die Anfänge.* Auch wenn heute darüber viele lächeln, es als schlechten Aberwitz betrachten- und sich, – merkwürdig auch das – vielleicht merkwürdiger und aberwitziger? – geht es um Religion, ihren alten, aber doch nicht ganz so alten, und nicht mehr ganz so gegenwärtigen Märchen und Fibeln zuwenden.

01.08.2519

William James: Die Vielfalt der religiösen Erfahrung (engl. 1902) – über den Unterschied zwischen endogener psychisch, halluzinatorisch, tagträumerischer Wahrnehmung und realer Wahrnehmung (von aussen). Die Akommunikation ist die „radikale religiöse Qualität", die er meinte im „Innenleben" anzutreffen.

30.07.2519

Ob Sie das glauben oder nicht glauben, kann ich Ihnen nicht abnehmen, ich hab diese Freiheit (oder Unfreiheit?) nicht.

30.07.2519

Fand ich auch merkwürdig, um es gelinde zu formulieren oder doch, in meinem kindlichen Gemüt, etwas überraschend und verwunderlich (etwas überrumpelnd, aber nicht erschreckend).

30.07.2519

Ähnlich wie ich das jetzt hier in den Raum stelle, stand es im Raum (im Raum selber).

30.07.2519

Die Geschichte meiner Erleuchtungen reduziert sich auf die Geschichte meiner Akommunikationen, eine hatte tatsächlich mit Licht (und Schrift) zu tun.

29.07.2519

Aus änigmatischer Sicht befinden sich die alten Religionen in Sackgassen.

28.07.2519

Es kam anders, die Andere, die Änigma kam dazwischen.

27.07.2519

Es kam anders, die Andere, die Änigma kam dazwischen. Ich hätte nichts dagegen gehabt, als westlicher Normalintellektueller in die Geschichtslosigkeit – mit eins, zwei Erinnerungsstücken – einzugehen, ohne Religion, dafür als Agnostiker, der durch eigene Erlebnisse, nicht nur theoretische Physik wusste, dass etwas mit Zeit und Raum, wie wir sie normalerweise erleben und denken, nicht ganz stimmt – dass es eine andere Zeit-Raum-Dimension gibt, die C.G. Jung unter „Synchronizität" zu erfassen suchte. Doch dann brach eine Erinnerung sich Bahn, die alles umwarf. Die aus einer anderen Dimension von Zeit und Raum ein Göttliches macht – zunächst verstanden als ein sehr Anderes, nicht aus unserer Genesis Stammendes -, die Änigma, die uns, die mich akommuniziert(e). Mir musste klar werden, die alten Religionen und Philosophien haben wahrscheinlich nicht nur phantasiert. Der historische Jeschua, wenn er sagt, er habe „gesehen" und „gehört", redet von Akommunikationen, die ihn streiften. Der erleuchtete Buddha ist der akommunizierte Buddha. Der fiebrige Mohammed, schrieb nicht (nur) im Fieberwahn und Eingebungsrausch, er kommunizierte Akommunkationen, dabei brauchte es nicht viel, seine Umwelt, auch seine familiäre, wartete auf eine dritte, auf eine beste, auf die „überlegendste" abrahamische Religion. Mohammeds Mission erfüllte die Erwartung und befreite viele Araber von einem kollektiven Druck. Hauptsächlich bedingt aus der empfundenen Minderwertigkeit heidnischer arabischer Vielgötterei, aus dem Blick des Juden- und Christentums, den sich die Familie, zumal der Grossvater Mohammeds schon vor

Mohammed angeeignet hatte. Ein Christentum, das durch Rom zu einer Grossmacht wurde, keine zwei Jahrhunderte vor Mohammeds „Erleuchtung". Aus diesem jüdisch-christlichen Blickwinkel und Blick auf sich und deshalb mit dem Personal und Inhalt der alten und neuen Bibel, entstand der Islam, die dritte abrahamische Überlegenheitsekstase, die nichts war ohne die zwei Vorgänger und alles mit ihnen, was in ihrem Überlegenheitsfuror schnell vergessen gehen konnte – eine Ekstase und ein Furor, die soweit reichten, so weit ihre Schwerter, ihre Eroberungskriege erfolgreich waren. Zum Wesen dieser Überlegenheitsekstasen, in diesem Fall der abrahamischen, gehört, dass sich jede von ihnen den anderen überlegen fühlt, Das romanisierte Christentum, das sich missionarisch und militärisch in Europa weiter breit machte – Karl der Grosse Schlächter brachte dafür in einer einzigen Aktion Tausende von Sachsen um -, brauchte Karl Martell und seinen Sohn (732/759 n.Chr./113/130 n.H.), um sich dessen zu vergewissern gegenüber bis dato auch im christianisierten Europa (Spanien) siegreich expandierenden Islam. Hier trafen zwei imperiale Siegermächte und Überlegenheitsekstasen, das islamisierte Mekka und das christianisierte Rom in der Form ihrer Folger aufeinander, fortgesetzt in den Kreuzzügen nach Jerusalem bis zur Schlacht vor Wien und danach vor allem in der Auseinandersetzung mit dem Osmanischen Reich.

26.07.2519

Wahrscheinlich ist die Begrenzung allmächtig, nicht die Allmacht grenzenlos.

25.07.2519

Spielt es eine Rolle, in welchem Kleid der Mensch, die Religionen, an die Änigma glauben? Katholiken nennen sie die (allzu männliche) Dreifaltigkeit, Muslime den (allzu männlichen) Allah, Juden den (allzu männlichen) Elohim, Buddhisten das (allzu lebensfeindliche) Nirvana und so weiter. Die meisten dieser sogenannten Religionen sind Lebensfluchtstrategien.

24.07.2519

Dabei sind Änigmatie und Aufklärung kein Widerspruch (auf eine gewisse Art hat das Kant nicht gewusst, aber gedacht).

23.07.2519

Auf Erden und unter Menschen ist nichts endgültig, nicht einmal das Nichts.

22.07.2519

Akommunikationen, die ich erlebte und kommuniziere, überbringe, bezeuge und weiss, sind wohl als Befreiung, als Heilung von Ängsten, als Beruhigung für die Sterblichkeit in uns, als Hinführung zum Genuss des auserwählten Lebens, des lebendigen Auserwähltseins gedacht, Für zwei Fraktionen jedoch repräsentieren sie eher eine Katastrophe – für die, die sich in traditionellen Religionen etablierten und glauben, ihre Religion sei die Wahre, in Endgültigkeit. Amen, und für Athetisten und

Atheistinnen. die glaubten, den religiösen Firelefanz endgültig hinter sich lassen zu können. Beide irren sich.

21.07.2519

Der Papst, der Dalai Lama, die Mullahs, die Oberrabbis, die Oberimame und alle anderen religiösen Ober- und Unterführer wissen, dass ich mit höherer Autorität spreche als sie. Dass das nicht auf Wahnsinn oder Einbildung basiert, sondern auf Akommunikationen durch sie, die Änigma. Find ich zwar schmeichelhaft für mich, aber hätte ich mir persönlich vielleicht nicht ausgesucht. Danke.

20.07.2519

Die meisten Hegelianer werden Änigmatisten, viele Atheistinnen werden Änigmatistinnen, Kantianer, Descartianer, Heideggerianer, Derridarianer werden Änigmatisten, viele Christen, Muslime, Buddhisten werden Änigmatisten. Wann? weiss ich nicht.

19.07.2519

Dass für Geschichtsstudierende in Deutschland das Latinum keine Zulassungs- bzw Abschlussbedingung mehr ist – somit für eine Generationenkette eine mehrjährige Beschäftigung mit der griechischen und römischen Aufklärung und Literatur wegfällt – Cicero, Caesars *Bello Gallicum*, Martials *Epigramme*, Horaz, Seneca, Plinius, die gigantischen Ovid, Vergil – dazu vielleicht auch mittelalterliche und frühneuzeitliche Literaturen – – es geht *um diese Beschäftigung mehr* als dass sie am Ende fliessend klassisches Latein übersetzen können – das ist ein wiederbringlicher Verlust an Bildungskenntnissen, auch bezüglich des Ursprungs moderner romanischer Sprachen. Das Latinum erdet die Leute mit den Fundamenten der europäischen Geschichte, zu der die lateinisch-christliche gehört, aber eben auch die griechische und römische Aufklärung, ihr Reentry.

19.07.2519

Verkehrte Welt, wenn statt postabrahamische Aufklärung, Emanzipation, Feminismus *Frauenuniformen von abrahamischen Grosssekten* die Bilder der Medien dominieren – egal ob Nonnen in deutschen TV-Serien oder Kopftuchträgerinnen in Podcast-Interviews.

19.07.2519 (2)

Die Aufmerksamkeit auf sie sollte zurückgeschraubt werden, nicht aber die Aufklärung über sie, nicht der kritische Blick auf sie – sie müssen sich für ihre ideologischen Hüllen nicht rechtfertigen, solange sie privat bleiben – doch Kleider betreten den öffentlichen Raum, sind öffentliche Signale – die diese Sekten und Trägerinnen von Sektenkleidern aussenden wollen, nebst, denen, die sie gerne nicht aussenden, unterdrücken, ausblenden wollen.

18.07.2519

Aus postabrahamischer Sicht zieht der Begriff „Grosssekte" zudem eine Linie zwischen der änigmatischen Religion und Philosophie, die glaubt, keine Grosssekte, sondern die erste globale Religion zu sein ohne Sektierertum. Diese Differenz der Ab- und Aufwertung repräsentiert den „Mehrwert" und die Behauptung ihrer Überlegenheitsekstase gegenüber allen anderen religiösen Überlegenheitsekstasen: der Abrahamismus zwei erklärt alle anderen zu Verdammten, der Abrahamismus drei erklärt alle anderen zu Ungläubigen, der Buddhismus erklärt alle anderen zu Verdammten, der Abrahamismus eins erkärt alle anderen zu Verdammten, und so weiter…. Und so weiter, wirklich? Die Änigmatischen, die änigmatische Bewegung erklärt alle anderen zu Nicht-Verdammten, egal, was sie glauben, was sie zu glauben lernten.

17.07.2519

Dass sich abrahamische Grosssekten und andere gerne „Weltreligionen" nennen, Weltreligionen hört sich respekteinflössender und imposanter an, kann zwar nachvollzogen werden – auch politische Massenmörder nennen sich lieber Führer des Volkes als letzter Abschaum der Menschheit – , allerdings ist „Grosssekte" aus postabrahamischer Sicht und der Arbeit in *Über die Anfänge* religionswissenschaftlich fundierter. Die Abwertung ist begründet.

16.07.2519

Die Mutter aller Religionen. Der globale Gott – gerne fügen wir hinzu: der einzige, der wahre Gott – wenn das mehr als Worte wären – das globale Göttliche, die Übergöttin aller Menschen, Tiere und Religionen heisst hier „die Änigma". Sie akommuniziert Menschen durch die änigmatische Dimension unserer Welt – jenseits unserer Primitivphysik. Die Ängima akommunizierte in den letzten 3 000 Jahren zunächst und vor allem ausgesuchte Männer, wahrscheinlich weil sie die dominanten Kommunikatoren und Archivare unter den Menschen waren oder, anders gesagt, akommunizierte Frauen in ihren Archiven nicht überliefert wurden. Die einzigen Hinweise auf das religiöse Weibliche, vor der Herrschaft der Herren über Schrift und Archiv, das wir kennen, sind Venusfigurinen – sie repräsentieren wahrscheinlich eine jahrtausendalte Religion, die Magna-Mater-Religion, die Mutter aller Religionen, an die die änigmatische auch anknüpft, offen, bekennend, anerkennend – statt indirekt, verdrängend und verschweigend wie die dominanten Herrenreligionen der Herren über Schrift und Archiv, die aktuell dominieren, als historisch die jüngsten, die „letzten" Religionen bzw. Grosssekten.

15.07.2519

Ist die Änigma glaubwürdiger als der abrahamische Gott, als das buddhistische Nirvana, als die hinduistischen Götter, und wenn ja, warum, inwiefern.

14.07.2519

Grosssektenhäuser wie Moscheen, Kirchen, Buddha-Tempel, Hindu-Tempel hinter sich zu lassen, ist für Änigmatische glaubwürdiger, als sie zu betreten, so wie für sie die Änigma glaubwürdiger ist als der abrahamische Gott.

13,07.2519

Warum wir das Nichts, den Tod, nicht fürchten, uns aber wohl Gedanken und Sorgen darüber machen sollten, dass das Sterben oft kein Ponyhof, kein kuschliges Wegdämmern ist und wir auf unser Leben und das Leben unserer Kinder, unserer Nächsten, unserer Partner, unserer Kooperationen achten sollten, ja, unser Körper das auf seine Weise tut, dazu programmiert worden ist – das Leben zu wahren, gegen Gefahr zu schützen, vor Verletzung geistiger und psychischer Art, und weiterzugeben in sexueller Lust und Fortpflanzung, aber auch in Kulturtradition, in Wissensvermittlung, in Weisheit und Religion.

12.07.2519

Die Physis unserer Physisteme: Statt verächtlich von unserem Körper zu sprechen, sollten wir bedenken: dass unser Körper immer sein bestes gibt. Er Respekt wie jede andere Naturerscheinung unserer Genesis verdient – sei es ein negativer Respekt, in dem wir es töten oder unschädlich machen (müssen), sei es ein positiver Respekt.

11.07.2519

Das ist eines der Gründe, warum wir das Nichts nicht mit Furcht und als Fluch betrachten sollten. Betrachten wir das Nichts, das zur Änigma gehört, etwas freundlicher, etwas religiöser. Wir kommen in seine Erfahrung überhaupt erst durch die Auserwählung, nicht (mehr) nichts zu sein. Und es ist Teil dieser Erfahrung, auserwählt zu sein, zu leben, auch das Nichts,. die Um-Kehre, Heim-Kehre in die Änigma, zu erleben.

10.07.2519

Ziehe von deiner Erfahrung deines Schlafes ab, dass du nicht mehr aufwachst, siehst, riechst, spürst, fühlst, denkst, auch nicht träumst, nichts rührst, die anderen nicht mehr erreicht, die Liebe nicht mehr erfährst – und nenne das deine „Seele". Dann wird es nicht sicher, ob du viel davon hättest, „lebtest" du ewig dieses Nichts. Aber genau das kommt auf dich zu. Ausserdem kommt die änigmatische Dimension dazu, aus der, wie viele glauben, das Nichts zu dem wurde, was wir alle sind, Auserwählte, die statt Nichts zu sein, Leben erleben, gestalten, sichern, weitergeben, aber auch verderben können

09.07.2519

Aus Jux und Tollerei wird sich die Änigma gesagt haben, diesen Jungen werde ich einfach „mal" anleuchten – ihm sogar als Schrifterscheinung erscheinen – und dann werde ich ihm noch zeigen – das Unzumutbare zumutbar machen -, was ich von Zeit und Raum halte, damit ihn aus der Bahn vieler, ja, aller, in meine Bahn werfen. Und so werde ich ihn auf die Menschen, auf die Welt. auf ihn selber, sobald er sich wieder daran erinnert, loslassen. Dass in der änigmatischen Dimensionn der Genesis unserer Welt die Zukunft bereits besteht – oder in ihr Gegenwart, Vergangenheit und Zukunft ausser Kraft gesetzt sind – Einstein hatte einen ähnlichen theoretischen Gedanken – das bestätigt sich in der parasynchronizitären Erfahrung oder in dem, was im Volksmund „déja vu" und bei C.G.Jung „Synchronizität" heisst.

09.07.2519 (2)

Gibt es in der Änigma so eine personalistische, menschlich anmutende Reflexionsebene überhaupt- vielleicht generiert sich die Akommunikation der Änigma für uns kaum vorstellbar – codiert sie sich zu uns rüber, dass wir sie verstehen. Soweit muss sie uns verstehen, dass sie weiss, was sie tun und lassen muss, damit wir sie in unserer Sprache, Klultur und Wahrnehmungsumwelt (Lichtstärke, etc.) verstehen.

09.07.2519 (3)

Ausser das sie extrem anders, in diesem Sinn „fremd" ist, haben wir keine Vorstellung – ausser jene, die sehr in unserem Saft braten – ich vermute sie unterscheidet sich von uns wie sich unser Leben von unserem Tod unterscheidet. Also extrem. Die konkrete Vorstellung von ihr und Beweise ihrer Existenz, sind die Akommunikationen und Involutionen, aber die sind so auf uns geeicht, dass wir sie sehen, lesen, verstehen, träumen und identisch wiedererleben können. Wir sehen in unserer Genesis die Produkte, aber nicht ihre änigmatische Genese.

08.07.2519

Im Rückblick, ohne Wahnsinn den „Wahnsinn" oder die „Vernunft der Änigma" betrachtet – scheint die Änigma nicht einen Jungen, später Jugendlichen, noch später jungen Erwachsenen „einfach so" akommuniziert zu haben, um „mal zu schauen, was dann passiert." Sondern es scheint einem „grösseren Plan" oder „System" zu entsprechen. Traditionell wird von „Gottes Wille und Plan" gesprochen. Jedenfalls „will" die Änigma ihre Religion offenbar offenbaren und durchsetzen und einer ihrer Mediatoren, ihrer Schlüssel dazu, brachte sie in den 1970er und 1980er Jahren nach Christus (den sie auch akommunizierte?) auf die Bahn. Jetzt ist das aber eine schöne Bahn, eine sichere Bahn, auf die wir uns freuen können, auf der wir uns fortbewegen können – freier, aufgeklärter denn je, so paradox sich das anhört.

07.07.2519

Was unterscheidet Änigmatisten oder Änigmatische von Christen, von Islamisten, von Buddhisten, von Hindus, von Atheisten?

06.07.2519

Die änigmatische Bewegung ist die, die nicht hinter ihren Möglichkeiten steht, sondern vor ihnen.

05.07.2519

Aber fehlt dann nicht der Grabstein? Der Denkmalort, wenigstens für paar Jahrzehnte? Der Ort der Versenkung – ist das kein Denkmalort? Für eine Übuntenkultur ist es einer.

04.07.2519

Wasser zu Wasser. Es ist eine letzte Ehre für die Verstorbene, den Verstorbenen und Ehrbezeugung gegenüber der Kehre wie auch dem Wasser des Lebens, sie in die Tiefe der Wasser zu versenken, auf eine Reise in die tiefen Wasser zu schicken – haben das nicht gewisse Indianer schon gemacht? – anstatt sie in der Erde zu verscharren oder in Windeseile in Asche zu brennen. Änigmatists oder Änigmatische sollten in die Tiefe, wie Seekapitäne, verstorben auf See, „versenkt" werden. Nicht Asche wird zu Asche, sondern Wasser zu Wasser. Aus diesem Medium kommen wir, in es kehren wir zurück, und darüber hinaus in die änigmatische Dimension unserer Genesis, wahrscheinlich auch (ich glaube: sicher auch) in die Dimension der Änigma, der Genesis Änigma.

03.07.2519

Beim Christentum ist es ähnlich wie beim Islam – das Originalchristentum wurde sehr früh vom Paulinismus verdrängt und ersetzt, das eigentliche Testament des historischen Jeschua wurde vernichtet, spurweise übernommen, umgedeutet, überschrieben. Das ist kein Mythos, das ist historische, religionswissenschaftlich fundierbare Wahrheit. Für Weiteres und Literaturangaben siehe ÜdA – Bd. 1-5.

02.07.2519

Drei oder vier Gründe, warum der testamentarische Islam vom historizistischen Islam vernichtet wurde: Erstens, das Testament Mohammeds verbietet ganz bestimmt die Spaltung seiner religiösen Bewegung; zweitens, er fordert die bleibende Versöhnung mit den zwei anderen abrahamischen Überlegenheitsekstasen, ohne die der Islam nichts wäre, und, drittens, er schliesst weitere Propheten oder Akommunizierte nicht aus, deren Worte und Botschaften von Gott, der Änigma, stammen. Der Koran, mit anderen Worten, ist, viertens, nicht „fertig", nicht das letzte Wort, enthält nicht den Letzten Willen der Akommunizierenden, der Änigma.

02.07.2519

Deswegen irrt der historizistische Islam ohne den Letzten Willen und das Letzte Wort Allahs, der Änigma, durch die Weltgeschichte – ewig verdammt dazu.

02.07.2519

Bei mir ist feste Bank. Bei mir „irrt" und „zweifelt" gar nichts. Die Änigma – ich nenne diese unbekannte Grösse, die unsere Kommunikation und die Umwelt dazu ganz gut beherrscht, Änigma – hat mich als Zehnjähriger akommuniziert und ihre Botschaft hiess und heisst:

„Philosoph, du bist Philosoph(in)" (die ich damals nicht richtig verstand. Wie sie entstand, verstand ich noch viel weniger, sie versteckte sich dann lange) und vermittelte mir als Dreizehn- und Achtzehnjähriger parasynchronizitär: „Obligation" , ein Zeitsprung über 5 Jahre: ok, was für Verrücktheiten bietet die Welt sonst noch an.....- um das besser zu verstehen, boten sich Kants Kritiik der reinen Vernunft und C.G.Jungs Aufsatz über „Synchronizität" an.... ansonsten: viel mehr Tabula rasa geht nicht (weitere Ausführungen dazu, siehe ÜdA – besonders Bde. 1-2). Das klingt relativ banal oder basal, auch wenn es absolut „verrückt" ist – im Grunde.

01.07.2519

Bonhoeffers letztes Gedicht vor seiner Ermordung im Nazi-Gefängnis (…von guten Mächten treu und still umgeben, behütet und getröstet wunderbar…) redet nicht vom Gott Abrahams, der ja noch ein Endgericht und dergleichen einbaut, also noch „Stress" macht. Schauen wir doch genau hin: sein Gott ist die Änigma, die ihn still umgibt. Insofern können Sie getrost der Änigma folgen: Sie sind nicht Christ, nicht Muslim, nicht Buddhist, nicht Hindu, nicht Atheistin – sie sind Philosoph, Philosophin – sagte Sie, schrieb Sie sogar.

01.07.2519

Götliche Akommunikation wie „Du bist Philosoph" oder Parasynchronizität, die das Wort „Obligation" vermittelt, klingen verrückt, aber minimalst verrückt im Vergleich zu dem, was die Antik-Religionen auftischen u heutige „Gläubige" schlucken. Bevor meine „Verrücktheit" (die es schlichtwegs nicht gibt) also irgendjemanden beschäftigt , sollte er/sie sich vielleicht dringlicher mit den Verrücktheiten der etablierten antiken Religionen beschäftigen.

30.06.2519

Der grosse Überlauf in die änigmatische Bewegung wird stattfinden – warum sollte er nicht? Ich würde sofort in sie überlaufen, würde ich „spüren", dass sie stimmt, dass sie wahr ist. Sobald Muslime u Muslima, Christen und Christinnen, wohl auch, gelegentlich, jüdische Gläubige, Hindus, BuddhistInnen, Daoistinnen, Zoroastrer Atheisten, Atheistinnen und andere begreifen oder spüren, intuitiv wissen, dass die änigmatische Bewegung von Akommunikationen (Muslime würden sagen: von Allah) angestossen wurde und wird – nicht von mir persönlich, Leute, Danke – sobald sie das tun, werden viele von ihnen überlaufen. Sie glauben und spüren, sie sind „Philosoph", sie kommen als „Philosophin" zur Welt und die Welt kommt als Philosophie zu ihnen, die höchste Macht akommunizierte es. Für die, die noch aus Tradition an eine „höchste" Macht glauben – ich würde es eher „die" grösste oder die „einzige" Macht der anderen Genesis nennen, die „höchste" Macht ist sie in unserer Genesis (vielleicht, vermutlich) nicht, sie ist es in ihrer, sie ist Genesis Änigma. Sie müsste sonst nicht den Weg der Akommunikation mit uns wählen, könnte Sie ohne uns alles in unserer Welt „regeln" – für die ist Gott, die Änigma, die höchste Macht. Und gehen wir über unsere „kurze" Auserwählung als Lebende hinaus, denken wir an die Äonen, die kommen werden, dann ist es so, die Änigma ist die höchste, die ewige Macht (sehr menschlich, allzu menschlich wohl gedacht).

30.06.2519

Mit unserer gefährlichen „Eigenmacht" können wir viel Unfug anstellen – Irrsinn, der sich gegen die Menschheit insgesamt richtet – der wie eine Atomverseuchung unser menschliches Gengut verseucht – das würden wir können – wir könnten uns ausrotten – wir könnten uns nicht wieder erschaffen. Die Änigma scheint „lenkende Wirkung" auf unseren Weg, auf den Weg dieses Planeten „implantieren" zu wollen, u.a. durch Akommunikationen und Involutionen. Aber wir vermasseln es oder wir vermasseln es nicht – da können wir nicht einer göttlichen Entität wie der Änigma „Schuld" geben. Sie hilft uns, aber sie übernimmt nicht – nicht in unserer Genesis – die volle Verantwortung für uns – so interpretiere ich Akommunikationen von ihr wie „Philosoph, Du bist Philosoph" oder parasynchronizitäre Mitteilungen wie „Obligation". Du hast die Obligation, die Verpflichtung, als Philosoph, Philosophin mit allem „tabula rasa" zu machen. Die Welt auf ein positives Null zu setzen. Du bist das positive Null. Du hast in dir selber soviel Klarheit, Durchsicht, Wissen und Weisheit dafür zu schaffen.

29.06.2519

Das heisst, Mohammed bediente sich „kreativ" der jüdischen und christlichen Texte – die sein Grossvater schon gut kannte und die er noch besser kannte. Er wusste, auf diesem Plateau, und auf dem der imperialen

Römer, die sich dieses Plateaus auch bedienten, in dieser Diskursstruktur findet der grosse Schritt, den sein Grossvater schon suchte statt, oder gar nicht.

28.06.2519

Es ist änigmatische Sicht, dass dem Jeschua wie dem Mohammed (auch bei den ersten Abrahamisten könnte es (einen) akommunizierte (n) Propheten geben) Akommunikationen nicht abgesprochen werden. Sie machten daraus in ihrem gesellschaftlichen und religiösen Kontext das „beste". Bei Mohammed lag es womöglich schon beim Grossvater, aus jüdisch-christlicher Perspektive das „arabische Heidentum" – wie Juden und Christen – als minderwertig zu betrachten und überwinden zu wollen – das bedeutete zugleich – das Juden und Christentum zu überwinden: weil ein blosser Anschluss an diese überheblichen Nachbarn kam für diese stolze Araber-Mittelschicht nicht in Frage… – der kleine Mohammed wurde also geradezu darauf von früh auf „geeicht" – womöglich war er mehr ein religiöses und dichterisches Genie, von früh berufen, diese „Eichung" in Realität zu überführen, als besonders stark akommuniziert worden, womöglich verwechselte er genialische Intuition, Eingebung – die er sich direkt von Allah gesandt vorstellte, was ihn umso mehr „beflügelte" – mit Akommunikation. Was dafür spricht, dass er (auch) akommuniziert wurde, ist, dass er sie nicht wollte, dass er sich davon überrumpelt fühlte (es gibt sogar eine überlieferte „Vergewaltigungsszene", wo ihn Engel Gabriel zwingt, Allahs Akommunikationen zu kommunizieren)- natürlich könnte diese Legende auch erfunden worden sein, um den „Ernst" seiner Botschaft, nochmehr, den Ernst ihres göttlichen Absenders zu unterstreichen... bald sah er den Weg vor sich, den sein Grossvater noch vergebens, ohne die grosse Kraft, die es dafür brauchte, zu besitzten, suchte – er brauchte gar keine göttliche Akommunikation, für ihn waren sie es (mit menschlichen, allzu menschlichen Einsprengseln und Kompromissen, die definitv von ihm stammen, nicht vom Himmel oder seiner genialischen dichterischen religiösen Intuition, deren Scheinspontaneität über ihn hinaus bereits bei seinem Grossvater zu entstehen, zu reifen, begonnen hatte. Die Zeit war reif und Mohammeds Botschaft griff um sich, jahrhundertelang wurde auf diesen „Befreiungsschlag" gewartet. Die Römer machten es zwei Jahrhunderte davor vor – wie mächtig der abrahamische Gott ist, Rom machte ihn zu einem kriegerischen Weltreichgott, der Staat, Führung und Gesellschaft verband, nicht trennte, nicht die lange von Rom verfolgten Christen. Die Araber übernahmen dieses imperiale Modell.

27.06.2519

Wir resümieren nochmals die änigmatische Sicht auf die paulinistische/n „Ostern" – die als „Fest der Liebe" verklärt wird. Die änigmatische Sicht auf diese Dinge folgt der Religionswissenschaft und der Aufklärung, und was wahr (wahrscheinlich) und unwahr (unwahrscheinlich) ist, das bestimmt auch das Mass an Toleranz gegenüber diesen alten Religionen.

27.06.2519

Änigmatische tolerieren nicht einfach jeden Unsinn – Religionsfreiheit wird überbewertet, sie sollte unter den Verfassungsparagraphen für Meinungs- und Glaubensfreiheit gestellt werden – mit der Bedingung: diese Freiheit verpflichte die Bürger und Bürgerin, sie „nach bestem Wissen und Gewissen" zu nutzen – also: nicht zu missbrauchen,

27.06.2519

Anigmatische nehmen nicht einfach jeden Gross-Defekt des Abrahamismus, des Buddhismus, des Hinduismus hin – vor allem keinen, der sie und andere gefährdet, heruntermacht, dabei Menschen und Fakten entstellt – das geht nicht, das hat Grenzen, das muss Grenzen haben.

27.06.2519

Jedes Jahr im April nach christlicher Zeitrechnung, wenn die sich „Christen" nennenden Paulinisten sich ihren Ostern-Suggestionen – und -Inszenierungen ergeben, lohnt es sich nach genesianischer oder axialer Zeitrechnung, die änigmatische Sicht zu vergegenwärtigen.

27.06.2019

Der Bischof von Rom, den seine Anhänger Papst nennen, twittert (21.04.2019): „Er ist auferstanden". Die Fakten sprechen eine andere Sprache: Er ist nicht auferstanden,

Sorry, eher nicht, aber der Glaube daran. Ausserdem, wenn er auferstanden wäre, dann nicht für die ganze Welt, sondern als König der Juden für seine Anhänger („Verlasst Weib u Kind, die Zeit ist nah"). Sorry – historisch, wissenschaftlich ist das viel wahrscheinlicher, nicht nur aus änigmatischer Sicht.

27.06.2019

In Sri Lanka explodierten Bomben in Kirchen, 200 Tote. Dass sich Abrahamismus 2 und 3 zerfleischen – vor allem Abrahamismus 3 nicht anders kann, als die Welt in Ungläubige/Gläubige zu unterscheiden – das ist ein weiterer Gross-Defekt des Abrahamismus.

27.06.2019

Der Aussenminister Deutschlands äussert seine Betroffenheit – denn Ostern sei doch ein Fest der Liebe. Historisch gesehen ist Ostern definitiv kein Fest der Liebe. Sondern ein Fest der Rache, der grössten Rache der Neu-Juden an den Juden – neben anderen Rachewundern wie Jeschuas Lauf, mit Gottes Hilfe über das Wasser : damit *über* Moses, der die Wasser von Gott trennen liess, *hinweg*…. Postabrahamische, unabhängige Religionswissenschaft erzählt eher diese Geschichte – die von einem intimen passionierten Bruder- und Generationenkampf innerhalb einer sich spaltenden altjüdischen Sekte – , statt schöne, allzu schöne Märchen.

27.06.2019

Ostern – oder: Wer zuletzt lacht, lacht am besten – das war und ist die anti-judaische „Pointe" dieser „kleinen" Auferstehung...

27.06.2019

Heute kann man sich nur noch schlecht vorstellen – der Paulinismus ist nicht interessiert daran, dass das gelingt, dass das in die Bücher, in die Filme kommt und immer wieder abgedreht und damit kollektives Bewusstseinsgut wird – , wie im religiös überhitzten Eifer, wie fast wahnsinnig, sich damals Altjuden und die Jeschua-Neujuden hassten, vor allem nach dem Tod des Jeschua – hier paarten, hier stauten sich grosse Verzweiflung mit abgründigem Hass – und es lag in der Luft, dass letztere sich an ersteren rächen wollten – und werden. Das Ostern-Wunder war ihr bestes Mittel dazu, war ein Kampfmittel erster Güte – das sowohl ihre Verzweiflung über den Tod ihres Jeschua (für die Ebioniten war sein irdischer Tod kein grosses Thema, dafür seine baldige Wiederkehr) als auch ihren Hass auf die Altjuden erlöste.... Ostern – das ist leider die nicht so frohe Botschaft – ist ein Ausbund von Antisemitismus. Der Paulinismus wusste, mit diesem „Wunder" – das die ebonitischeren unter ihnen sofort glaubten, dafür brauchten sie sie – brachten sie die verhassten Juden zum Schweigen – Wer zuletzt lacht, lacht am besten... – Achten Sie darauf, wie blass die Figur nach der kleinen Auferstehung wird im Text und wie grotesk unauffällig sie nochmals „stirbt" im Kontrast zur Kreuzigung, ebenfalls eine paulinistische Aufblähung und

„Neuinterpretation" (wie sehr sie das alles ausblendet und sich heute in Illusionen wiegt – auch deswegen geht diese ganze Heuchelei und Irrgläubigkeit dieser abrahamischen Grosssekte so auf den Senkel).

27.06.2019

Aus änigmatischer Sicht ist es eher nicht zu akzeptieren, dass ein Psychiatrie-Direktor bekennender katholischer Christ ist – also Irrsinn glaubt und zugleich für mentale Gesundheit zuständig ist (in einer vom christlichen Ideologieapparat dominierten Welt geht das – geht das noch).

27.06.2019

Im FR- Interview darf zu Ostern ein gläubiger Katholik und Psychiatrie-Direktor seine Erzählung zum besten geben: der Katholik im Psychiater unterschlägt, dass er an die Erbsünde glauben müsste, nennt er sich Katholik, hier wird stattdessen die Sterblichkeit vorgeschoben – und statt über das Endgerich, bevorzugt er von seiner Oma im Himmel zu sprechen. Das Grund-Miss-verständnis, von dem diese abrahamische Grosssekte zehrt, ist, Erbsünde mit Sterblichkeit gleichzusetzen (dazu hat sie eine Geschichte aus dem Paradies in petto). Im Grunde genommen argumentiert er streckenweise änigmatisch, nicht katholisch, realisiert das aber offenbar nicht. Denn tatsächlich fallen wir in die Änigma zurück, zerfallen wir in unserer Genesis und in die änigmatische Dimension, nicht in Nichts - wenn denn nicht auch das Nichts eine freundlichere Behandlung und Anerkennung verdiente – für solche, die, wenn sie tot sind, nicht gestört, sondern nichts werden oder bleiben wollen.

27.06.2019

Jede und jeder darf Märchen zum besten geben, sogar ein Psychiater…..Die Ostern-Auferstehung war eine Mischung von starkem Täuschungswunsch, Hass auf die Altjuden, auf ihren Spott, auf ihre Schadenfreude und neujüdische Rache an ihr. Die kleine Auferstehung war nicht nur eine „passende" Erfindung und erwünschte Verwechslung, in dieser aufgeladenen Stimmung sondern die Volte, die die ganze Situation umschlagen liess zugunsten der vermeintlichen Verlierer, der neujüdischen Anhänger des Jeschua – dank der Volte gegen die Altjuden, die Paulus, der zwar den historischen Jeschua nicht mehr kannte, dafür aber seine Altjuden, gegen sie schlug und damit aus tiefer Verzweiflung einer desolaten Sekte den Triumph einer neuen religiösen Überlegenheitsekstase über die Altjuden, zuerst über die Aljuden, später über die „römischen Heiden", zauberte…. Ostern ist ein Rache- ist ein Triumph-Fest des Paulinismus, alles andere also als ein Fest der Liebe…. Im Programm des historischen Jeschua, der predigte und glaubte „die Zeit ist nah", stand nur eine, „die" „grosse" Auferstehung, auf die freuten sich die Ebioniten und wären sie von den Paulinisten nicht verdrängt und überschrieben worden, auch, weil die Ebioniten keinen Grund mehr darin sahen, zu schreiben und ein Archiv zu betreiben, so freuten sich diese Erwartungsfrohen heute noch auf die Rückkehr ihres Messias (aus der Sicht der Paulinisten waren sie nihilistische Hippies).

26.06.2519

Während die änigmatische Sicht mit der Religionswissenschaft deckungsgleich sein kann, muss sich die
christliche Sicht vor der Religionswissenschaft
verstecken und kann nur hoffen, dass Theologie, – ihr
pseudo-wissenschaftlicher Apparat an den Universitäten -
, nicht aus diesen entfernt wird (was sachlich, nicht nur
ideologisch, angemessen wäre).

26.06.2519

Theologie gehört sicher nicht an Universitäten. Sie hätte
schon längst dort entfernt werden solllen: für
buddhistische und abrahamische Gross-Sektenlehrer-und
Gross-Sektenlehrerinnen-Ausbildung wäre eine
Fachhochschule, unter staatlicher Kontrolle,
angemessener. Religionswissenschaft ist
postabrahamisch, postbuddhistisch, posthinduistisch –
oder sie es nicht (es sei, sie arbeitet sich an Details ab,
dass können auch Angehörige von alten Religionen, so
wie Christen über die Evolutionstheorie forschen
konnten).

25.06.2519

Die änigmatische Sicht ist die Sicht der zukünftigen
Weltreligion („der" Weltreligion).

24.06.2519

Das Weltbild der Christen mit ihren absurden
Unterstellungen von Erbsünde und Sündenerlöser ist

nicht akzeptabel aus änigmatischer Sicht. Das islamische Weltbild mit seiner absurden Unterscheidung „Gläubige/Ungläubige" ist nicht akzeptabel aus änigmatischer Sicht. Das buddhistische Weltbild mit seinen lebensfeindlichen und -feigen Erlösungsphantasien ist nicht akzeptabel aus änigmatischer Sicht.

23.06.2519

Statt vom Grunddilemma des Christentums ist es besser, vom Grunddilemma des Paulinismus zu sprechen.

22.06.2519

Abrahamismus, Buddhismus, Hinduismus werden sich irgendwann daran gewöhnen müssen, dass es einen seriösen religiösen Diskurs gibt, der neuer, zugleich älter als der ihre und die Mutter aller religiösen Überlegenheitsekstasen ist.

21.06.2519

Cheffunktionäre der abrahamischen Grosssekte – die sich heute pompös katholische Kirche nennt, sie nennen sich pompös „Bischöfe" – unterstützen Greta Thurnberg – das soll ihnen helfen, aus dem angeschlagenen Image und Popularitätstief zu kommen. Da ihnen Gott, die Änigma, nicht hilft, helfen sie sich wieder einmal selber…

21.06.2519

Man(n) hat sich in eine Grosssekte begeben, die den Leuten pervertierte Dinge wie die Erbsünde einredet und zugleich das Heilmittel dagegen, den Grossen Entsünder, der diese angebliche Perversion angeblich „zurecht"rückt. Akzeptiert man die erste Zuschreibung wird auch diese zweite Zuschreibung hingenommen... Dieser geschlossene Kreis der Unterstellung und Gegenunterstellung funktionierte und funktioniert weltweit – warum? Wohl weil die meisten mit „Erbsünde" ihre Sterblichkeit meinten und dafür (....) gerne einen „Retter" hätten – in Ewigkeit, Amen. Ein netter Wunsch, ein schillerndes Missverständnis, von dem diese Sekte bis heute zehrt. Doch wenn die erste, die Negativ-Unterstellung verkehrt ist, dann ist die Positiv-Unterstellung so hinfällig oder überflüssig wie die erste – auch wenn ein Retter in Not ja jederzeit willkommen ist ....: das ist das Grunddilemma dieser Sekte. Und es wird erst verlassen, wenn aus ihrem sektenhaften Unter-stellungszirkel „ganz" ausgetreten wird – sei es in eine philosophische Welt, sei es in die änigmatische oder an die Ursprünge, zum ebionitischen Christentum, das vom Paulinismus an den Rand gedrängt, überschrieben und ausgelöscht wurde. Dort, wo das „wahre Christentum" liegt bzw. lag, wird es allerdings wahrscheinlich sehr historisch, sehr jüdisch, für die Welt heute, sogar für die jüdische, sehr fremd, sehr anders werden. Ähnlich ergeht es dem Muslim, der vor dem historizistischen Islam, der heute mächtig ist, zurücktritt und den testamentarischen, den „wahren Islam", sucht. Er wird ihn kaum finden, es bleibt ihm ein Glauben an ein Testament des Mohammed, das im Koran nur in Ansätzen steht, ansonsten ausgelöscht wurde. Auch dort wird es sehr historisch, sehr fremd für heutige Menschen. Kurzum, auch diese Rückkehr wäre letztlich eine Illusion, sie kann jedenfalls nicht sichergehen, dass sie keine ist.

20.06.2519

Notre Dame in Flammen? Trotzden hat die Reformation „vergessen", Kreuze und Kichtürme zu entfernen. Ist Notre Dame ein historisches Monument – irgendwann wohl ein Museum – für den Paulinismus, der sich lange „Christentum" nannte.

19.06.2519

Geschäftsmässige Sterbehilfe? Welche? Das grosse Geschäft der Geier oder das von kleinen Non-Profit-Organisationen?

19.06.2519

Aus dem Nichts der Änigma und aus der Liebe der Eltern auserwählte Menschen, die durch sie gezeugt und gewollt leben dürfen und sollen, sterben nicht besonders gerne oder gerne gleich, sie möchten ihr Leben und ihr Erleben des änigmatischen Raums so lange und gut es geht, würdigen, ehren, geniessen. Ihr Sterben in Würde, ihre Einkehr, Rückkehr, ihre Kehre in die Ängima ist privates, persönliches Hoheitsgebiet, das sollte respektiert und geschützt werden.

18.06.2519

Um es kurz zu sagen: Kinder stimulieren, weil sie unsere eigene Protosexualisierung stimulieren. Weil sie uns an unsere protosexualisierte Kindheit erinnern, sie uns in sie „versetzen". Das protosexualisierte Kind in uns lebt beim Erleben von Kindern auf. Bei Päderasten stimuliert

das weiter, geht das ins Phallische (es gibt merkwürdigerweise wenig Frauen, die sich an Kindern
„delektieren")

17.06.2519

„durchgöttlicht" bedeutet hier „vollänigmatisiert".
Unsere Welt ist genesianisiert, nur basal änigmatisiert.
Gott, die Änigma, ist ein fremdes Wesen und wird es
bleiben, solange wir unsere genesianische Heimat haben,
unser Leben leben.

16.06.2519

China, wenn es begreift, dass es Verantwortung nicht nur
für China, sondern *für die ganze Welt* hat, von der es ein
grosser Teil ist, spielt eine wichtige Rolle in der neuen
Zeit und für die neue Zeit. Dasselbe gilt für Indien, das
seine manifeste Gegenaufklärung nach und nach in
Aufklärung aufheben wird. Kastengesellschaft und
Hinduismus werden durch die ängimatische und
genesianische Revolution an Bedeutung völlig verlieren,
verlieren müssen. Änigmatische werden diesen Unsinn,
diesen Aberglauben, diese Ungerechtigkeit, diese
Unwürdigkeit nicht hinnehmen.

15.06.2519

Zum ersten Mal in der Menschheitsgeschichte beginnt
die Aufklärung zusammen mit Frauen. Die
vorhergehenden „Aufklärungen" – vom 18. Jahrhundert
bis zur „Griechischen Aufklärung" (Mittelstrass) und der
römisch-griechischen der Seneca, Plinius, Cicero,

Quintilian, waren hauptsächlich Männersache, Herren-Herrschaften über Schrift und Archiv. Zum ersten Mal ist es also eine Aufklärung des „ganzen" Menschen, zum ersten Mal klären Frauen nicht Frauen „gegen" Männer und Männer „über" Frauen auf – das ist ein kultureller Neubeginn. Und natürlich geraten dadurch die antiken patriarchalen Fundamente (Religionen, Philosophien) nicht nur ein wenig ins Wanken.

14.06.2519

Der Paulinismus, der sich ohne zu erröten „Christentum" nennt, hat abgewirtschaftet, der historizistische Islam hat abgewirtschaftet, auch wenn das dort noch nicht angekommen ist. Auch der Nationalimus, der alte, hat in Europa abgewirtschaftet. Auch wenn es legitim ist, dass Kräfte, die lange an der Macht waren, nicht ohne politisches Gefecht ihre Posten räumen werden, sie vielmehr mit „konservativen" Parteien verteidigen, am liebsten rückerobern, und zusammen mit den passenden Mentalitäten (Ideologien) wieder einführen wollen. Sie drehen gegen die Zeit die Zeit zurück.

13.06.2519

Warum sollte bloss unser „Bewusstsein" in die Änigma eingehen? Warum sollte ich nicht wünschen, meine ganze Physisteme kommt in den Himmel? Es sieht eher so aus: wir werden komplett sterben müssen in unserer Genesis, aber diese bleibt ewiger Teil der änigmatischen Dimension. Wir können also nicht komplett sterben oder

in Nichts zerfallen. Wo das Göttliche bei uns auf
Grenzen stösst,beginnt nicht nur das Endliche, sondern
das Eigenwesen, der Stolz unserer Genesis, die
Auserwählung, nicht nichts zu sein, die nur durch
Endlichkeit erreichbar ist. Die änigmatische Dimension
unserer Genesis, nicht die ganze, wie Spinoza meinte, ist
durchgöttlicht.

12.06.2519

Zu den wissenschaftlichen Grundlagen von „Päderastie
und Protosexualität". Immatrikuliert in Psychologie –
viele Jahre Freud, auch fast ein ganzes in therapeutischer
Praxis, Anna Freud überträgt die Theorie und Fehler
ihres Vaters auf Kinder, dann Lacan, zur Kritik des
„Spiegelstadiums" siehe *Über die Anfänge* (2) –
Entwicklungspsychologie – u.a. Piaget – Piaget ein
weiteres Psychologie-Genie des 20. Jahrhunderts –
Sprachforschung, Sprachentwicklungsforschung,
Wittgenstein, Literatur über Kindsmisshandlung und
Päderastie (anlässlich eines Vorfalls in der Nachbarschaft
um 2000, ich schaltete das Jugendamt ein, es war kurz
bevor die grosse „Kinder-Porno"-Welle begann).

11.06.2519

Wie kommt es zur Konzentration von Päderastie in der
abrahamischen Grosssekte (Katholizismus). Erstens:
Dieses Milieu bietet alle Vorteile, vor allem elterliche
Macht, die die schief gelaufene Protosexualisierung nie
ausreichend in Selbstmacht, in Selbstkontrolle ausbaute.

Zweitens: Die Unterwerfung unters Zölibat und dgl. fördert die Schwächung, die Fehlausbildung, die mangelhafte und Nicht-Ausbildung der Schranke zwischen prä- und post-pupertärer Auto- und Proto-Sexualisierung. Diese Männer dürfen, können, wollen sich phallisch nicht zur Heterosexualisierung weiterentwicklen wie die Mehrheit, sie bleiben protosexuell infantilisiert unter der Schranke oder mit nicht weit ausgebauter und ausbaubarer Schranke zwischen prä- und postpupertärer Auto- und Proto-Sexualisierung stehen – umweltbedingt, d.h. bedingt durch eine Umwelt, die zugleich eine Eltermmacht fördert. Gleichsam doppelt wird damit das Milieu für Päderastie als *post-pupertär ausagierte prä-pupertäre Auto- und Protosexualität* attraktiv gemacht bzw. fördert es sie gleich doppelt.

10.06.2519

Über Päderastie (Freuds Fehlschlüsse). Das Kleinkind wird also komplett-proto-sexualisiert. Mutters reines Liebesobjekt – der Vater könnte denken, meinen, das Kind wird zu Mutters neuem Phallus. Oder die komplette sexualisierte Ummutterung des Kindes macht es zu einem sexuellen Teil der Mutter. Doch der Päderast lebt, reaktiviert zugleich die eigene, nie ganz vergangene präpupertäre Proto-Sexualisierung, treibt er dessen post-pupertäre proto-sexuelle Vergewaltigung durch phallische Akte. Dabei hat er das Kind „in der Hand" wie Mutter. Sex wird gemacht – multiprojektiv, multiimaginativ, *multierogen* – mit der Mutter als Ursexsymbol, als Mutter (Sperma, statt Milch), mit der eigenen Frau, mit dem Kind in der Frau als Teil der

Frau/Mutter, mit sich, mit der eigenen Protosexualisierung. Im Kind spiegelt und erregt sich sein „inneres Kind" als proto-sexualisierter Teil der Mutter. Das Kind vergewaltigen heisst zugleich die Mutter „phallisch" erreichen, was protosexuell oder prä-pupertär nicht ging – wird jetzt „nachgeholt". Päderastie ist die Ausweitung von Selbst-Sex, von post-pupertärer proto-sexueller Selbst-Befriedigung auf die intensive Zone der präpupertären Selbst-Befriedigung und zugleich die Ausweitung dieser in die post-pupertäre phallische Phase. Besonders zu Kindern sexuell zugeneigt sind die, bei denen Kinder die infantile Autoprotosexualisierung postpupertär animieren. Nicht besonders zu Kindern sexuell zugeneigt, aber zugeneigt sind die, die eine stärkere, ausgewachsenere Schranke zwischen prä- und postpupertärer Protosexualisierung haben. Diese Schranke ist also nicht extrem stark und dicht. Die Umwelt kann dazu beitragen, sie zu schwächen, sie abzubauen, ähnlich, wie wenn Heterosexuelle im Knast zu Pseudo-Homosexuellen werden. Im Kirchen-Milieu nur unter Männern treffen sich also nicht nur gerne Homosexuelle wieder, darunter auch die, die denken, dass Jeschua eigentlich schwul war, sondern, nur unter Kindern, auch Männer mit labiler bis nicht vorhandener Schranke zwischen ihrer prä- und postpupertären Proto-Sexualisierung. Mit den Kindern, durch Kinder – vor allem, wenn sie in einen Machtbereich kommen, der „elternähnlich" übermächtig ist – geilt es sie auf geistig prä-pupertäre, auf körperlich post-pupertäre (also: phallische) Art und Weise auf. Kinder werden zur Nutte degradiert, die fast jederzeit sich zur Verfügung stellen müssen, ohne Bezahlung, ohne Entgelt, geschändet zu werden. Diese verkürzte, grobe Version ist deswegen nicht falsch. Nur spielen sich dennoch komplizierte Dinge dahinter ab, wird die gesamte Entwicklung dieser Päderasten bis zu ihrer präpupertären Auto- und Protosexualisierung in den Blick genommen.

09.06.2519

Über prä- und postpupertäre Proto-Sexualität (Freuds Fehlschlüsse). Da das Kleinkind ja ständig an der Mutter, mithin ihren Brüsten, nuggelt und mit ihr fast dauerintim ist, braucht es die Projektion in den Vater nicht, um mit ihr denkbar möglichen Sex zu haben. Es hat – präpupertären – Proto-Sex genug mit ihr. Der moderne Vater muss nicht mehr eifersüchtig werden, weil sein Kleinkind ihn weniger als die Mutter und die Mutter ihr Kleinkind mehr als ihn mag. Er kommt als nächster nach ihr. Es gibt jetzt Vaterurlaub dafür, das hilft, die Beziehung Vater-Kleinkind-Mutter aufzubauen. Statt Ödipus, will der Vater mit dem Sohn, der Tochter „wie Mutter". Man kann vermuten, dass Päderastie fehlgesteuerte Proto-Sexualität, post-pupertäre Proto-Sexualität, ist.

08.06.2519

Leben ist volles Programm. Es ist der entzückendste Wahnsinn und der schrecklichste Verzweiflungswahn. Du durftest leben, kannst du vor der Heimkehr,

Rückkehr, Einkehr sagen. Und jetzt lasst mich in die Tiefe sinken. Physisch, aber auch symbolisch.

07.06.2519

Die Grenze zwischen der Genesis Änigma und unserer Genesis. Wir können in ihr, in der Genesis unserer Welt, nicht anders, als vorübergehend und reentrisch auserwählt sein, reentrisch heisst: wieder zu uns zurückkehrend aus der Zukunft. Parasynchronizitäre Erlebnisse zeugen davon (zu Parasynchronizität – Synchronizität bei C.G.Jung – siehe Über die Anfänge 1-5)

07.06.2519

Weltgeschichte ist nicht Ewige Wiederkehr, sondern Reentrizität.

07.06.2519

Leben ist eine Auserwählungsfeier,

07.06.2519

Leben feiert die Auserwählung, nicht nichts zu sein. Vorübergehend. Leben muss sich ersetzen, wir ersetzen es durch neues Leben, eines Tages werden wir es in uns selber, Stück für Stück, ersetzen können, unser Bewusstsein und unsere Individualität wird dadurch jahrhundertealt werden – ein Vorübergang, in dem wir sogar die Ambrosia, die Speise der Götter, der Genesis Änigma atmen (zu uns nehmen), die Schönheit und

Grösse des änigmatischen Raums, den wir „Weltall"
nennen, und die Mitteilungen der Änigma,
Akommunikationen und Involutionen, erleben und
erfahren können.

06.06.2519

Über unsere schreckliche Rasse (Gattung) – afrikanoide,
arabioide, asiatoide, euripide Gattungsart – alle sind
durch die „Erbsünde", homo sapiens, zu sein,
verbunden…., usw.

05.06.2519

Über Auschwitz. Da das Ausrotten und der Untermensch
zusammen gehören, wahrscheinlich codiert sind in einem
„psychogenetischen" Muster unserer Rasse/Gattung,
kann es potentiell reaktiviert und rekombiniert werden.
Minderwertige Minderheiten entstehen dadurch – der
Koran nannte sie „Ungläubige" und machte sich daran,
sie, sollten sie nicht konvertieren, a) auszurotten b)
gefügig zu halten oder c) zu vertreiben. Wir müssen also
nicht nur ein neue Ethik, sondern eine neue Genet(h)ik
schreiben.

04.06.2519

Die Gen-Ethik des Männschen, der männschlichen
Physisteme, hiesse dann nicht (nur/einfach): Du sollst
nicht töten, sondern: Du kannst nicht töten,
Massenvernichtungswaffen werden massenhaft
vernichtet. Wir werden wahrscheinlich erst in einer
kooperativen Gesellschaft, die wirtschaftsethisch auf

Kooperationskapitalismus basiert, diese neue Gen-Ethik realisieren können.

04.06.2519

„Diese Bemerkung ist außergewöhnlich einfältig: Dass es im Bereiche der physischen Möglichkeit liegt, Hunderttausende, ja Millionen wehrloser Menschen abzuschlachten, wüssten wir, auch wenn es keinen Pizarro, keinen Dschingis Khan und andere arische oder nichtarische Scheusale gegeben hätte." Angeblich Fussnote von Siegfried Lichtenstaedter (1923) zu einem völkischen Autor (aus: Hg. Götz Aly: Prophet der Vernichtung, 2019). – das Original würde ich gerne einsehen: wen meinte er mit arischen und nicht-arischen Scheusalen? Was Lichtenstaedter „vergisst", zu erklären, wer „wir" ist, und warum „wir" das „wüssten" – wenn nicht „wir" homo cannibalis-Abkömmlinge, die Rasse, die die anderen Rassen nicht nur friedlich, sondern „proaktiv", also „ausrottend", überlebte. Insofern folgen die Armenier und die Juden dem „Neanderthaler-Muster", dem „Prototyp" des „Untermenschen" für die ihn ausrottende Rasse „homo sapiens". Zugespitzt gesagt: „wir" wissen das, lieber Lichtenstaedter, weil „Ausrotten-Können" zu unserer DNA gehört (was natürlich schrecklich „rassisch" klingt, nun, ja, wir sind tatsächlich eine „schreckliche Rasse", eine teilweise erschreckend schreckliche, aber auch eine grandiose, sich für andere opfernde Rasse – das projizieren viele in den heiligen „Jeschua" – obwohl dort die Lage ganz anders ist: er „opferte" sich wahrscheinlich für niemanden ausser für seine jüdische Gruppe, er liess sich „ausrotten", um umso stärker, ewiger, unausrottbarer

„zurückzukehren",. das war die paulinische Mission, die paulinische Interpretation – die Ebioniten erschraken ob sovieler martialischer Gedanken: Ihnen predigte der Jeschua, die Zeit ist nah, und nachdem ihn die Römer, mit Hilfe oder Wunsch von Altjuden, zum Tode verurteilten, warteten die Ebioniten auf seine Rückkehr, ohne sich gross dem Prozess zu widmen. Für sie war dieser Prozess Nebensache, erst die Paulinisten machten ihn zu einer Hauptsache, inklusive die Kreuzigung selber. Und da er nicht zurückkehrte, gab die Zeit ihnen recht....

03.06.2519

(frühe und kurze Version) [auch hier gälte: **zuerst** 02.06.2519 lesen; usw.]. Meine Zeitgenossen und -genossinnen werden oder wollen kaum begreifen, was *Über die Anfänge* bedeutet, Dass das nicht nur ein „normales Nachruf" Buch ist, sondern ein Zeugnis Gottes, des Göttlichen, der Änigma, das ich in es ablege. Was eine sehr tolle Sache zu sein scheint, allerdings wurde ich nicht wirklich gefragt, ob ich das will, ob ich die Änigma, die änigmatischen Ereignisse, die ich erlebte, überhaupt erleben will. Wird auch keiner gefragt, ob sie geboren werden will: Will sie nicht die Auserwählung feiern, nicht nichts zu sein? Nicht nur ewig nichts gewesen zu sein? Neben vielen anderen Samen und Eiern – „das" Ei, „der" Samen, der zu unserem Leben führte, zu sein? Sicher, auch diese Dinge zeichnen mich aus – aber hätte der Krug nicht an mir vorbei gehen können? Zeichnet mich nicht sonst schon genug aus? Wofür brauchen wir Gott, die Änigma? Oder will sie andeuten, dass sie die Schafferin, die Erzeugerin der Genesis Änigma und der Grundlage unserer Genesis ist? Ich erbte und verlor in der Wirtschaftskrise 2008/09 das meiste, – weil die Gier und die Erfahrung, die sie lange bereicherte, lange nicht begriff, dass sie die Notbremse ziehen und den Notausgang nehmen muss und gleichzeitig die Leidenschaft für Geld nie viel grösser war als die Gleichgültigkeit gegenüber einem Vermögen, das mein Vater, nicht ich, verdiente. Bin ich durch das Geld vom „Berufungsweg" abgekommen oder durch seinen Verlust? – im Gegenteil, die Finanzkrise korrigierte Abschweifungen, Bequemlichkeiten und Tendeleien, die einrissen, half, mich auf das Wesentliche zu konzentrieren, nach Berlin zurückzukehren, und das zu tun, was ich schon immer machte, schon mit 18 parallel zur Bankkaufmannslehre, und danach, unter jahrelanger Vortäuschung, ich würde mich aufs Erwachsenenabitur vorbereiten. De facto trieb ich Studium generale seit Flims (1975-1978), als erster offizieller Schülerbibliothekar des Progymnasiums und Internats wurde. Sie räumten mir ein Budget für Bücher, über das ich frei verfügen konnte, ein – ich erwarb für die Schülerbibliothek, und das hiess, zuallererst für mich, u.a. eine Biographie von Cassius Clay aka Muhammed Ali -, sonst wussten sie nicht, was mit mir anfangen, der so extremes Talent unter anderem im Geschichtsunterricht verriet (woher weiss der das ? woher hat der das?). Mich zu fördern nachdem, was sie darunter verstanden, hiess auch, sie privilegierten mich in diesem und jenem – doch wohl vor allem wegen dieser Zwangssituation, in der ich mich abgeschoben und unfrei fühlte, – vielen anderen, nicht allen, erging es genauso -, dankte ich, der Pupertäre, es ihnen, die ich nie kennenlernen wollte, nicht. Wir waren quitt, als ich das Internat quittierte.

02.06.2519

Ob die Änigma mit „Philosoph. Du Bist Philosoph" unter anderem meinte: „Führe die Reformation zu Ende" – ja, noch über ihren Ausgang hinaus – weiss ich nicht, jedenfalls führt es auch dazu. Ohne ihre Akommunikation würde ich mir das nicht anmassen, hätte ich nicht die Autorität dazu (wahrscheinlich nicht einmal das Interesse dafür, ich wäre längst Kapitän, Chefkoch, Fabrikant oder Professor geworden).

02.06.2519

Christliche Reformation zu Ende führen heisst auch: Was einzelne akademische Studien der Geschichts-, Archäologie-, Kultur- und Religionswissenschaft wissen (z.B. dass das Kreuz im Originalchristentum keine Bedeutung hatte, erst später, im Mittelalter, Symboldominanz erhielt; dass die Ebioniten, darunter Augenzeugen, Kenner, Nachbarn, erste Anhänger des historischen Jeschua, vom Paulinismus überschrieben und verdrängt wurden; und so weiter), wird nicht nur zusammengeführt, sondern auf eine neues, auf die nächsten Jahrtausende blickendes Niveau der Religion, Religiösität und Philosophie-Wissenschaftlichkeit gebracht.

02.06.2519

Diese sog. „Christinnen" und „Christen" fielen aus allen Wolken, realisierten sie, was sie sich mit ihrem Halskettchen aufhalsten, an was für eine Ideologie sie sich ketten.

02.06.2519

Im Grunde ist der Kreuz-Kettchen-Kitsch Symbolpropaganda für eine abrahamische Grosssekte wie die Modeschau für Frauen unter einem Haufen Kleider für eine andere abrahamische Grosssekte Symbolpropaganda ist.

02.06.2519

Katy Perry – solange Leute wie sie „Fans" vom Papst und vom paulinisierten Jesus sind (nicht vom historischen Jeschua) muss sich diese Grossekte ja keine Sorgen machen.

02.06.2519

Der Kreuz-Kettchen-Kitsch von Vorzeige-„Christinnen" wie Katy Perry oder RTL-„Superstars" hat nichts mit dem historischen Jeschua zu tun. Für sie brauchte es keinen martialischen Paulinismus von Erbsünde und Kreuztod. Perry isst sicherlich nicht mal Eier, weil das das Karma der Hühner verletzt.

02.06.2519

Salopp gesagt, das Kreuz hat mit Christentum nichts, mit seinem Missverständnis, das paulinisch heisst und vor allem seit dem Mittelalter das Kreuzsymbol profiliert, alles zu tun.

02.06.2519

Das Kreuz ist ein Symbol des Paulinismus, für das Urchristentum, für das „wahre" ebionitische Christentum ist es ein spätes Sekundär-Symbol, wenn nicht völlig fremd und unbekannt.

01.06.2519

Luthers Reformation, die auf halber Strecke stecken blieb, machte vor der sog. Kreuztheologie halt. So rissen die Reformatoren zwar die Dekoration in den Kirchen runter, „vergaßen" aber Kirchturm und Kreuz mitabzureissen.

01.06.2519

Über Luthers Beschränktheit. Das ist eben die Grenze Luthers: „Wer Gott reden hören will, der lese die Heilige Schrift, wer den Teufel reden hören will, der lese die Dekrete und Buhlen des Papstes." – erstens meint er mit „Heiliger Schrift" die kanonisierte nicaeaische – post-nicaeaische Version, also, zweitens, eine paulinische, die die ebionitische aufgehoben und eliminiert hat: das komplette „falsche" Programm. In diesem blinden Flecken moniert Luther das komplette falsche Programm des Papstes (Dekrete, Bullen). Das, auch das, ist gemeint mit der Feststellung: die Reformation ist auf halber Strecke stehen geblieben. Deutlichstes Mahnmal und äusserlichstes Symbol dafür sind die stehengebliebenen Kirchtürme. Drittens redet er vom „Rettungswerk" Christi – und damit begibt er sich auf die schiefe Bahn einer Sekte, die die Erzverdorbenheit, den Rettungsbedarf „des Menschen" unterstellen muss, um überhaupt von Rettung und Retter reden und etwas

„erhoffen" zu können, er aktiviert einen Selbstunterstellungszyklus von Sekten: A) wenn du dich verdorben und verloren glaubst (das rede (ich) dir ein…) – dann B) glaube an einen Retter und Beender deiner Verderbnis (den rede (ich) dir ein…). Amen. Deswegen muss auch unbedingt der „Taufakt" stattfinden. Damit wird die Geburtsurkunde transformiert in eine Mitgliedschafts-Urkunde im „metaphysischen Rettungsverein". Die Sterblichkeit an sich wird dabei ausgenutzt: Angst vor dem Tod generiert und manipuliert. Aus diesem abstrusen Zyklus drang Luther nicht heraus, vielmehr vertiefte und erneuerte er ihn. Viertens deutet er mit Gott-Teufel den Manichäismus des Paulinismus an, die Gut-Böse-Dichotomie, die in dieser, aber auch in den anderen abrahamischen Grosssekten eine wichtige Rolle spielt, In der ersten, in der jüdischen, am wenigsten. Aus postabrahamischer Sicht kann dazu nur gesagt werden: der Manichäismus wird abgelehnt; die Erzverdorbenheit, die jedem Menschen unterstellt wird, wird abgelehnt, damit werden „Taufakte" hinfällig; die paulinische Version des Neuen Testaments als „kanonisch" zu betrachten, wird abgelehnt. Begründungen und Vertiefungen dazu, siehe *Über die Anfänge* 1 bis 5, dort auch weitere Literaturangaben.

30.05.2519

Die Inszenierung des Papstes geschieht heute aus ähnlichen Gründen wie zur Zeit der vierten oder fünften Generation der Paulinisten (ca. 2 Jahrhunderte nach dem historischen Jeschua)- es war soziologisch sinnvoll für die Gruppenstabilität, einen Obermonarchen, eine Leader-Figur mit besonderer Weihekraft – so wie das im

Königtum geschah – zu bestimmen. Mit Theologie hat das nur sekundär, mit dem historischen Jeschua nichts zu tun.

30.05.2519

Religions- und geschichtswissenschaftlich ist die Legitimität und Stellung des Papst einfach zu fragwürdig, als dass sie in öffentlich-rechtlichen Sendern, die der Neutralität und Wissenschaft verpflichtet sind, so kolportiert werden sollte, werden kann, wie sie in Bibel-Tv und unter den Anhängern dieser Grosssekte allgemein kolportiert wird – deren gutes Recht es ist, zu glauben, was sie wollen, die auch, statt einen Papst, eine Maus zum Führer ihrer Maus-Religion erklären könnten, wie das, zum Teil, im Hinduismus geschieht.

29.05.2519

Dass der Bischof von Rom, den die Anhänger dieser abrahamischen Grosssekte „Papst" nennen, nicht der „Statthalter Jeschuas auf Erden" ist, sondern eine schwache lebende Legende, die auf einem Halbsatz und einer Abmachung unter Paulinisten (Petrus etc.) beruht – aber ganz und gar „paulinologisch" konsistent ist, wurde an anderer Stelle in ÜdA aufgeführt. Hier sei nur noch einmal erinnert, dass ein göttlich akommunizierter, für die Paulinisten sogar krypto-sexuell gezeugter „Gottessohn" sicher nicht an einen gewöhnlichen Menschen seinen Auftrag delegiert. Dass diese paulinische Lüge oder Einbildung aber bestens zur paulinischen Inszenierung der „kleinen" Auferstehung ihres Jeschua passt. Mit dem historischen Jeschua hat dieses paulinische Papst-Theater genauso wenig zu tun wie die Paulinisten mit den Ebioniten etwas zu tun haben, ausser dass sie letztere permingierten und exkommunizierten, nicht zuletzt weil sie die Herren über Schrift und Archiv ihrer Religion waren, nicht die Ebioniten, die Schreibtafel und Feder weglegten und erwartungsfroh auf die Rückkehr ihres ins Jenseits verschwundenen Gurus und ihre ewige Aufhebung im Reich seines Vaters warteten

29.05.2519

Die Papstkritik von Luther und andere betonte die nicht vorhandene Legitimität des Papstes zu Recht und machte aus dessen Verwerfung ein Bekenntnis, allerdings blieb die Reformation dabei auf halber Strecke und im Paulinismus stecken.

28.05.2519

In Mekka wird ein Änigmatischer Kreis gezogen – der älter als der Islam ist. Dort zogen schon vorislamische Gläubige den Kreis.

27.05.2519

Über die Anfänge zieht Änigmatische Kreise und wird Änigmatische Kreise ziehen.

26.05.2519

Verwechsle nicht grössenwahnsinnige Ansichten mit grossvernünftigen Ansichten.

25.05.2519

Grosse Ausblicke – statt mit „Grössenwahn" mit „Grossvernunft" betrachtet: Vielleicht wird die chinesische Kultur als erstes *Über die Anfänge* als zulässige, von der kommunistischen Partei geförderte Religion und Lebensanschauung etablieren, in die Reihe gestellt von Konfuzius, Buddha und Lao-tse (92 / *„Wahrlich: wer allzu hochfahrend ist, wird wenig hoch fahren."*) – dann vor allem, wenn die chinesische Gesellschaft vom Konkurrenzkapitalismus zum Kooperationskapitalismus umschwenkt. Das sind grosse Aussichten für das 27. Jahrhundert nach der genesianischen Zeitrechnung, die China ebenfalls als erste einführen wird (im Angedenken an die Achsenzeit/Axial Age, in der Konfuzius, Buddha, Heraklit und andere wirkten und auch des Wirkens der Änigma durch mich.

25.05.2519 (2)

Die Änigma wird es „erfreuen" und die Chinesen und Chinesinnen werden wie sie sagen: „Philosoph, ich bin Philosoph".

24.05.2519

Das heisst, Über die Anfänge (ÜdA) ist ein metareligiöser Diskurs, eine wissenschaftliche und, für die, die wollen, die offen sind, die suchen: religiöse Redekonstruktion religiöser Diskurse. Sie öffnet die Augen für neue Lektüren „kanonisierter Texte" aus dem Abrahamismus, Buddhismus, Hinduismus,

Zoroastrismus, usw. Sie ist eine oder die Metalektüre *über* oder *vor* diesen Lektüren für all jene, die postabrahamisch religionswissenschaftlich und/oder postabrahamisch, postbuddhistisch religiös diese Texte lesen wollen (Hegel meinte ja, seine religionsphilosophisch angewandte Dialektik sei die „Aufhebung" religiöser Diskurse, machte dies allerdings mit christologischem Vorurteil, blieb provinzieller Universalismus). ÜdA ist eine globale Leseanleitung für die einen und eine persönliche Lebeanleitung, „göttlich" , also änigmatisch entfacht, für die anderen – nebst all jenen Gegen-Lektüren, die diesen metareligiösen Diskurs aus mehr oder weniger naheliegenden Gründen ablehnen (weil involviert in die soziale Versorgungs- und Definitionsmacht etablierter Religionen akademischer und praktischer Natur, weil fixiert auf den alten abrahamischen Gott, weil fixiert auf das alte buddhistische Nirvana, usw.)

23.05.2519

Aktuelle eifrige Muslime (und Muslima) freuen sich wohl zu früh, glauben sie, die änigmatische Botschaft, die ich überbringe (dazu wurde ich nicht „eingeladen" oder zuerst „gefragt", sie geschah, sie war da, konfrontierte sich als Wahrnehmbares mit meiner Wahrnehmung) sei bloss eine Fortsetzung und eine Neugeburt. De facto ist sie für den aktuellen Islam eine Katastrophe. Sie lässt kaum einen Stein auf dem anderen, kaum eine Sure auf der anderen. Muezzins haben bei testamentarischen, testament-näheren Muslimen so wenig Berechtigung und Grund wie Kirchglocken (und -türme) bei den Paulinischen, die sich heute ohne zu erröten

„Christen" nennen. Wenn heute Erdogan die Hagia Sophia wieder islamisieren will, entsäkularisieren will, dann ist das bloss der Ausbund des historizistischen Islam, dann ist das Spektakel, Machtdemonstration, Populismus, dann ist das äusserliches Gehabe und Getue, dann hat das mit Religion, mit Verehrung für Gott, die Änigma, nichts zu tun, geschweige, mit der Genesis unserer Welt. Aus postabrahamischer Perspektive sind solche Handlungen ungenesianisch, unänigmatisch – historisch überholt, vorgestrig, rückwärtsgewandt, aber nicht gründlich genug rückwärtsgewandt.

22.05.2519

Globale genesianische Ethik des „global village": global ethisch denken – lokal ethisch handeln. Für Chinesen und Chinesinnen erscheint das vielleicht unsinnig: sie denken global chinesisch und handeln lokal chinesisch.

21.05.2519

Das Letzte Gericht. Es gibt unter Menschen, zwischen Menschen den absoluten Feind nicht. Die Hitleraner versuchten nochmals den „absoluten Feind" von Juden zu spielen – die Paulinisten versetzten Rabbis in die Rolle des Satans, sie verteufelten Altjuden (Matth./Joh) und nahmen diese als Vorbild für ihre Satansfigur. Der Satan hat mich verhindert, heisst es bei Paulus, er meinte damit Altjuden, die ihn aufhielten. Dass sie der Satan sind, da sind sich diese angeblichen „Urchristen" und diese antichristlichen Nazis, die den Idealtyp des „Untermenschen" im „Juden" sahen, erstaunlich nahe gekommen (Nennen wir es: antisemitisches Reentry).

21.05.2519

Die tatsächlichen Urchristen, die Ebioniten, hatten keine Zeit für Antisemitismus, keinen Groll gegen Altjuden – für sie waren es nicht die Mörder ihres Jeschua, auch nicht die Römer – wir wissen nicht, wie der historische Jeschua gestorben ist – wollte er den Tod, provozierte er Altjuden bis zur Weissglut, dass sie ihn töteten, dass Römer ihn als Unruhestifter und Aufrührer, der sich anmasste, König der Juden und Sohn eines Gottes zu sein, als politischen Rebell verurteilten, ihm den kurzen Prozess machten? – ihm, der fest daran glaubte, dass müsse so sein, dass ihn „sein Vater" nicht verlässt und er bald an seiner Seite als Gott zu seinen Schäfchen, zu seinen Ebioniten zurückkehrt – und alle werden bestraft sein, werden bestraft werden, wenn er mit seinem Vater zurückkehrt, erst dann beginnt das „Letzte Gericht", ausser für die Ebioniten, für die Neuen und Letzten Juden. (vielleicht ist der Zusatz: „und alle werden bestraft werden…." paulinisch, hatten die Ebioniten und der historische Jeschua keinen Begriff vom Jüngsten Gericht).

20.05.2519

Ethische globale Grundregeln – die auch die Zehn Gebote des Neuen Testaments beerben – sind an anderer Stelle in Über die Anfänge zu finden.

19.05.2519

Wer Nicht-Muslime nicht mehr als Menschen, sondern nur noch als „die Ungläubigen" betrachtet, deren

Ermordung als religiös…der verrät die globalen ethischen u Anstandswerte im „global village". Vergesst den Westen, den Osten.

19.05.2519

Das Global village – die globale ethische – auch wirtschaftsethische – Dimension: „global ethisch denken" – lokal ethisch handeln: Aus Europa gesehen, ist das die globale europäische Dimension, aus Asien, die globale asiatische Dimension, aus Afrika die globale afrikanische Dimension, daneben leben wir noch in kontinentalen, nationalen und regionalen Dimensionen. Aber sie alle sind Teil unserer komplexen Welt und es ist grotesk, kommen jetzt irgendwelche Schock-Künstler und reduzieren sie auf nur „eine" Dimension – wie die provinziellen, gemeingefährlich provinziellen „Identitären" zum Beispiel.

19.05.2519

Das Ende und der Anfang des „global village". Die Welt ist immer mehr ein „Global Village". Dennoch müssen Ordnung, Grenzen, Kontrollen und Filter – Filterzonen, Sperrdistrikte – sein. Selbstverständlich. Auch dann, wenn Tschernobyl Wolken und Fall Out Regen über diese „Filterzonen" hinwegegen werden und Grippeviren die Menschheit hinwegrafft zu grossen Teilen und der aktuelle Militäraufrüstungswahn, von dem sich Nationalarmeen, angesteckt von diesem Wahn, irgendwann nicht mehr anders „befreien", als sie und damit sich zu zerstören.

19.05.2519

Warum wir eine Europaarmee brauchen hat auch
rassistische Gründe. Unsere Rasse ist relativ
ausrottungsfähig, also gefährlich. Wir sind nicht
Menschen der geerben Erbsünde, sondern von geerbten
Genen einer erfolgreich sich gegenüber anderen Rassen
behaupteten, sie teilweise ausrottenden Spezies. Wir
können erstaunlich friedensfertig sein, erstaunlich klug
sein, erstaunlich kooperativ sein – aber eben auch anders.

19.05.2519

Um sich zu verteidigen, auch vor dem Wahn anderer,
andere einfach zu vernichten, braucht Europa eine starke
Verteidigungsarmee (deutlich machend, dass es keine
Invasionsarmee ist – dann kann Russland nicht
behaupten, wir wären eine Bedrohung für es- im Moment
ist Russland eine Bedrohung für Europa, eine extreme
Bedrohung, militärisch. Man fragt sich, wozu Russland
eine Invasionsarmee braucht – ist es noch nicht gross
genug?Andererseits leben Europa und Russland von
wirtschaftlicher Kooperation – wir bezahlen das
Russische Beamtentum – Russland heizt unseren Winter.
Das befriedet unser Verhältnis, rationalisiert,
kontraktualisiert das Verhältnis. Und die Nato ist nichts,
fast nichts, ohne die USA. Das muss sich ändern, sowohl
das Verhältnis zum seit Jahrhunderten an die Europäische
Zivilisation angeschlossenen Russland: es gibt keinen
Grund, nicht befreundet zu sein mit unseren Freunden
und Freundinnen aus Petersburg und Moskau -, als auch
zum Selbstverhältnis der Verteidigungsfähigkeit. Vor
Europa soll, muss die Welt auch militärisch Respekt

haben, sonst rotten uns die Brüder und Schwestern aus unserer „homo cannibalis Rasse", eben genau deshalb, weil sie von der *gleichen* Rasse sind, früher oder später aus – das ist die nicht so frohe Botschaft. Sorry. Ein neues Abschreckungs- und Respektgleichgewicht muss hergestellt werden.

19.05.2591

Hauptträger der Freundschaft in der Welt kann, wird, muss der Kooperationskapitalismus sein, der Hauptfeind und Ausrottungstreiber unter den Menschen ist aktuell der Konkurrenzkapitalismus.

19.05.2519

Es drohen üble bis übelste Zeiten über uns zu kommen. Und die Hollywood-Produktion, als verlängerter Arm dieses Militärwahnsinns, hat sich Mühe gegeben, in Kinosäalen bei Popkorn Abermillionen darauf vorzubereiten. Es gibt kein Szenario eines Atomkriegs und einer Pandemie, die nicht bereits im „Unterhaltungsmodus" virtuell durchgespielt wurde. Was das Apokalyptische Buch für die Mittelalterlichen, ist heute Hollywood, was damals Gottes Strafe war, die über die Welt zu kommen drohte, ist heute ein totaler Vernichtungskrieg (wobei die Grossmächte sich Mühe geben, ihn auf einen Teilvernichtungskrieg einzugrenzen).

18.05.2519

Wer Nicht-Muslime nicht mehr als Menschen, sondern nur noch als „die Ungläubigen" betrachtet, deren Ermordung als religiös…der verrät die globalen ethischen u Anstandswerte im „global village". Vergesst den Westen, den Osten.

17.05.2519

Wirkliche globale Ethik ist nicht „christliche Sozialethik", „Islamethik", „Hinduethik", „Westethik" – sondern genesianische Ethik, die Genesis unserer Welt (und ihre änigmatische Dimension) umfassende Ethik.

16.05.2519

Über globale genesianische Ethik. Wer meint, er könne mit seiner Provinzethik, mit Sonderethik, mit Westethik, mit Islamethik, mit Hinduethik sich über andere Menschen hinwegsetzen, der verrät die globale genesianische Ethik des „global village".

15.05.2519

Über die Rezeption von *Über die Anfänge* in den religiösen Rezeptionskulturen. Da die religiösen Rezeptionskulturen verschieden sind, werden meine Akommunikationen und meine Person auch verschieden aufgenommen – im islamischen Kontext wird vielmehr Ehrfurcht eine Rolle spielen, als in den semi-säkularisierten christlichen Kontexten (in diesen wird eher Unglauben vorherrschen, zumindest für eine Weile), im islamischen Kontext wird mit weiteren „Propheten" gerechnet, Mohammed wusste, dass man Allah nicht das Wort verbieten kann. Der Vatikan wird grösste Ernsthaftigkeit aufbringen müssen, auch dort sind Propheten angekündigt, allerdings nur Unheilsbringer/-verkünder. Für den Vatikan bin ich eine Katastrophe, weil das Ende ankündigend, für den christlichen Paulaner, der den Ebioniten in sich entdeckt, eine Neugeburt, für den Islam bin ich eine Fortsetzung und Neugeburt, für den historizistischen Islam, der zertrümmert wird, eine Katastrophe. Der buddhistische Kontext wird kaum Notiz von ihnen und mir nehmen oder durch sie verschwinden, weil die Änigma tatsächliche Erlösung bringt, er wird nicht das Nirvana anstreben müssen, sondern in der Änigma Änigma zu spüren, zu ermeditieren suchen…..Er ist schon angekommen, er muss nicht fortgehen. Es gibt kein Fortgehen, nur Umkehren, Rückkehren, Einkehren – und das kommt von selbst, für den Buddhismus bin ich eine Neugeburt. Der hinduistische Kontext wird einen Guru mehr unter ihren Gurus aus ihnen und mir zu machen versuchen, wird seine Assimilationsfähigkeit einsetzen, bis sie aussetzt, für ihn bin ich eine Katastrophe, seine historizistische Fassadenwelt wird zertrümmert, und eine Neugeburt.

14.05.2519

Der Mensch kann mit sich religiös im „Reinen" sein, weil er schon religiös rein, im Reinen zur Welt kommt (gerade kürzlich hab ich einen drei Wochen alten Menschen dieser Art gesehen – er war ganz zugewandt der mütterlichen Wärme, getragen in ihren Armen und schaute schon sehr wunderlich aufmerksam in die Welt).

13.05.2519

Es gibt keinen Widerspruch zwischen Aufklärung und Änigma, wohl aber zwischen Aufklärung und dem, was sich heute „Gott" oder „Nirvana" oder Hinduismus. etc. nennt.

12.05.2519

Dass es die änigmatische Dimension gibt, sollte nicht die Leute „verrückt" machen, sondern als „normal" betrachtet werden, ohne die Aufklärung, die Rationalität zu trüben.

11.05.2519

Die Änigma ist nicht nur „universeller" als der abrahamische Gott oder das buddhistische Nirvana, sie ist „das Universelle", das"Pluriverselle", das „Transverselle" oder das Transzendent-Immanente, die änigmatische Dimension in der Genesis unserer Welt.

10.05.2519

Wir meinen, wenn wir von „Gott" reden, nicht mehr den alten abrahamischen Gott, wir meinen die Änigma.

09.05.2519

Mensch kann annehmen, dass in einer emanzipierten Gesellschaft der Abrahamismus niemals diese Herrschaft, Breitenwirkung, Dauerhaftigkeit erreicht hätte in „unserer" Welt, die er heute hat. Dass er zum Machtmissbrauch gehört, der sich durch die jahrhundertlange einseitige Herrschaft von Herren über Schrift und Archiv ergeben und in unsere Welt eingeschlichen hat – dass wir diese „Schlange", diese Sektiererei, also nach und nach aus ihrem „Paradies" vertreiben werden, vertreiben sollen – und dass sich das nicht immer „von selbst" ergibt, allmählich werden sich davon emanzipierte Frauen und emanzipierte Männer auf einen neuen Weg machen, stehen und gehen sie nicht schon lange auf ihm.

08.05.2519

Wir leben ja eine unglaubliche Auserwähltheit, nicht nichts zu sein, von Eltern (meistens) geliebt, fraglos behütet zu sein in den ersten Jahren, und so weiter. Nietzsche hatte schon recht, dass das paulinisierte Christentum diesen Vorzug in einen Fluch umdeutete, in eine „Erzsündhaftigkeit", die sich erst mit dem „Grossen Entsünder" aufheben liesse – also mit Unterstellungen einer zu gross gewordenen Sekte operiert.

07.05.2519

„Buch Leben" ist wichtig für die, die im Islam bloss die Durchfahrt, den Durchgang, den Übergang, sehen oder bereit sein können, bereit sind, ihn so zu sehen. „Buch

Leben" zeigt diesen Weg auf – sowohl, dass der aktuelle Islam schon lange auf dem Irrweg oder Holzweg ist, als auch, wo seine Quelle, sein wahrer, aber verschollener Anfang liegt, und wo der Weg zu ihm hin und durch ihn hindurch und durch ihn hinaus geht. Dasselbe gilt für das, was sich heute „Christentum" nennt.

07.05.2519

Eine Lektüre fällt nie für alle gleich aus, einige bleiben in dieser Etappe der Lektüre stehen, andere in jener – einige kommen in die Lektüre nicht hinein, andere gelangen aus ihr heraus oder mit ihr heraus.

06.05.2519

Nochmals kurze Erinnerung: Um bis hierhin zu gelangen, sollten die vorhergehenden Bücher gelesen und studiert worden sein. Sie werden vorausgesetzt. Auf ihnen baut das hier „Verhandelte" grösstenteils. Zu beginnen wäre mit Über die Anfänge Teil 2, dann folgt Teil 1, dann Buch 3, Buch Vier bzw. Buch Leben (Buch 5). Hier sind wir bereits in der Arbeit für Buch 6 („Änigmatische Kreise").

05.05.2519

Um es banaler zu sagen, ich täte mir diesen „Akommunikationsquatsch" sicher nicht an, hätte ich ihn nicht erlebt, erleben müssen. Stattdessen wäre ich auch gerne wohl einfach ein kritischer Intellektueller und Philosoph geblieben, geworden. Aber mit

Akommunikationen bist du Teil der grossen Fragen der Zeit und des Lebens und eine Antwort.

04.05.2519

Wahre Akommunikation oder religiöser Wahn? Die letzte Rettung, mit der Erzrationalisten und Paulinisten, die sich ohne zu erröten „Christen" nennen, vielleicht wieder ruhig schlafen, weil ihre angegriffene „Rationaliät" und/oder „Gläubigkeit" retten, beruhigen könnten, ist, gelänge es ihnen mich „ruhig zu stellen", also entweder genügend zu isolieren oder zu diskriminieren – dazu gehörte zum Beispiel mir religiösen Wahn anzuhängen, vielleicht mit Hilfe eines geneigten Psychiatriedirektors oder einer geneigten Psychiatriedirektorin und der richtigen juristischen Handhabe, möglicherweise ist der Richter Christ, also selber religiös wahnsinnig….zumal aus postabrahamischer Perspektive. Die mich nicht einmal besonders „erwünscht" tangierenden Akommunikationen (die Schrift-Licht-visuelle und evtl. akustische als Zehnjähriger („Philosoph. Du bist Philosoph"), die lange vergessen ging; die Parasynchronizität als Dreizehn- und Achtzehnjähriger, aus der der Begriff „Obligation" als Traumrest sogar erinnert blieb – so dass es mich als Achtzehnjähriger an die Universität zu Kant-Vorlesungen (Kritik der reinen Vernunft) und u.a. C.G.Jung-Lektüre trieb; translokale Akommunikationen z.B. zwischen Europa und den USA, träumende Akommunikationen anderer Art – das alles hätte ich mir eingebildet – so hartnäckig, so unerschütterlich, dass es den Charakter eines „religiösen Wahns" angenommen habe – vor allem, nachdem ich die Ursache dieser Akommunikationen einer „göttlichen" Ebene und Persona, die ich „änigmatische Ebene" bzw. „Änigma" nennen würde, zuschrieb – öffentlich in Über die Anfänge (wobei „göttlich" vorerst nichts anderes heisst als sehr fremd, sehr anders- als Dimension unserer Genesis und der Genesis Änigma). So dass die aktuelle Grosssekte wieder alleine und ungestört ihr Unwesen, ihren religiösen Wahn weitertreiben kann – wie auch die Szene der Atheisten, der Primitivphysiker ganz unter sich bleiben. Ich störe einfach beide Szenen – die Szene der etablierten „Christen" und die der etablierten Primitivphysiker, ich bin ein Dorn, ein Unruheherd in dieser allzu einfachen zweigeteilten Welt – genau genommen nicht „ich", sondern die mir vermittelten Akommunikationen. Allerdings wäre zu bezweifeln, dass das leicht durchschaubare Unternehmen, mich zu denunzieren und zu psychiatrisieren, langfristig erfolgreich wäre, Akommunikationen lassen sich von Menschen vermutlich nicht einfach wegsperren und zum Schweigen bringen. Dafür übersteigen sie unseren Horizont zu sehr.

03.05.2519

Über das Sterben in der Änigma. Über das würdige änigmatische Sterben innmitten des Entstehens.

03.05.2519

Über das Sterben. Ich als Sterbender, ich als Sterbende, versammle mich mit Müttern, mit Schwangeren, mit Eltern, und meiner Familie, meinen Freunden und Freundinnen – einige bleiben bis zuletzt, einige fahren eine Strecke mit – auf einer Arche-Übunte zur letzten

Fahrt für mich und zur ersten Fahrt für die Neugeborenen, zur Einkehr aus dem Leben in die Genesis meiner Welt und die Genesis Änigma – um mich herum kommt es zur Welt, während die Welt in mir verschwindet und ich aus ihr. Es war mir eine Ehre, auserwählt gewesen zu sein, geboren worden zu sein, zu leben, statt nichts zu sein. Und ich weiss: ich falle nicht in Nichts, in die Änigma – ich muss keine Angst haben, ich fliesse in die Tiefe der Wasser und in die Tiefe der Änigma.

02.05.2519

Sterben ist höchst zu respektierendes privates Hoheitsgebiet.

02.05.2519

Mein Lebensende ist privates Hoheitsgebiet – das zur Zeit vier Diskursdomänen zu okkupieren versuchen – eine politische, eine juristische, eine medizinische und eine theologische (paulinisch). Alle vier Wichtigtuer wollen bestimmen, wie ich zu sterben habe – die CDU-Politiker möchten aus ideologischen Gründen, dass jeder bis zu Ende verreckt; die Juristen erlauben zum Teil ein selbstbestimmtes Lebensende; die Mediziner verdienen an den letzten Monaten eines Moribunden eine goldene Nase mit jedem Atemzug mehr vor dem letzten….; die paulinischen Theologen schwärmen davon, wie Gott alle in Qualen wegsiechenden liebe (mit „alle" Angehörige ihrer Grosssekte meinend) – allerdings zieren sie sich bei der, vor der Erklärung//, warum diese hoffnungslos Gequälten nicht selbstbestimmt (wie „selbst" sind sie tatsächlich? Wären sie es, würden sie die unglaubliche Auserwähltheit zu leben, sicher nicht aus ihren Händen geben) von ihren Schmerzen nicht nur endlich, sondern ewig befreit zu diesem Liebesgott gehen dürfen – hin und weg zu dieser vermeintlichen „Liebe" Gottes, die doch erst im Jenseits sich voll entfalten kann – eigentlich müssten diese Liebes-Prediger jedem und jeder empfehlen, möglichst sehr bald zu dieser „Liebe" ihres Gottes zu gehen, müssten sie wahre Todesprediger, liebe, ganz liebe Todesengel sein….. Da zieren sie sich wie die CDU-Politiker. Ich finde: Sie alle sollten die Klappe halten. Mein Lebensende, dein Lebensende ist privates Hoheitsgebiet, höchst zu respektierendes, würdig zu achtendes, würdig zu Ende zu bringendes – so selbstbestimmt wie noch möglich.

02.05.2519

Wasser zu Wasser, statt Staub zu Staub. Am besten sollten Änigmatische und Genesianische unter Schwangeren und Neugeborenen auf einer Übunte des Lebens und des Sterbens einkehren, heimkehren, umkehren in die Änigma und in tiefen Gewässern die letzte Ruhe finden. In warmen Wassern badend, duftenden, in der Nähe von neuem Leben – statt abgeschoben in ein Hospiz auf trockenen Laken und dann in einem Ofen verbrannt oder unverbrannt in die Erde gebracht. Wirklich Heimkehren heisst aber auf Erden ins Wasser, nicht in die Erde zu gehen. Nicht Staub zu Staub, sondern Wasser zu Wasser.

02.05.2519

Gebären und Sterben auf einer Arche-Übunte. In warmen, duftenden Bädern, Geburts- und Sterbebädern.

01.05.2519

Genau besehen hat das änigmatische „Beten" mit dem paulinischen Beten wenig gemeinsam. Die änigmatische Dimension „erfüllt" uns, wir müssen uns keine apräsente Präsenz eines Gottes „herbeireden", „herbeibeten". Die „illokutionäre" Kraft unserer Betrede, unseres Gebets, das stille Gebetsgespräch, reicht nicht bis in die Genesis der Änigma (und reicht doch. Wir wissen nicht, wie sie uns erreicht – ich vermute, sie erreicht die Genesis unserer Welt nur mit Aufwand, schwierig. Wir wissen nicht, ob sie mit uns träumt, wann sie mit uns träumt, wie sie mit uns träumt – ausser bei parasynchronischen Träumen, die eindeutig mit der änigmatischen Dimension und eindeutig mit der Dimension einer „zukünftigen Situation unserer Welt im Alltag, in dem sich diese Traumsequenz aufhebt", verbunden sind).

30,04.2519

Über Beten. Beten ist nicht christlich, urchristlich, ebionitisch: die Ebioniten hatten keine Zeit, mussten keine Zeit aufwenden zum Beten, denn der Tag der Tage ist nahe, Beten kündet von etwas Unerfülltem, doch der Tag der Tage ist die Erfüllung, ist die Feier selbst.... – Beten entwickelte sich im Paulinismus nach langem vergeblichen Warten aus der Frage: Sag mal, Gott, was ist mit deiner Ankündigung. Warum kommst du nicht?

So entwickelte sich ein Geistergespräch zu einem kultivierten Selbstgespräch mit ihrem abrahamischen Gott – gleichsam ein Ich-Du-Monolog, ein Pseudo-Dialog weiter. Beten sollte helfen, die Hoffnung auf die Erwartung ihres Gottes nicht zu verlieren. Und wenn sie nicht gestorben sind, so beten die Paulinisten und Paulinistinnen heute und morgen noch.

30.04.2519

Wenn die Änigma mit Träumen und sogar Sprach-botschaften uns akommuniziert – warum sollten wir dann nicht mit Sprachbotschaften und Gedanken mit ihr kommunizieren?

30.04.2519

Beten ist der Versuch, mit der Akommunikation zu kommunizieren, so wie Lotterie der Versuch ist, den Jackpot zu gewinnen – wird also höchst unwahrscheinlich gelingen, höchst unwahrscheinlich erhört werden.

30.04.2519 (4)

Wir können mit der Änigma nicht wirklich „beten", dafür ist sie zu anders, ist die Genesis ihrer Welt zu anders, aber sie kann ihr „akommunikatives Rauschen" mit uns teilen – so ähnlich wie das kosmische Hintergrundrauschen – „betet" die Änigma mit uns.

30.04.2519 (5)

Beten stammt aus einer mönchischen Praxis des Paulinismus – und war in Zeiten davor bereits praktiziert worden – im Anbeten der Götter, im Anrufen, im Herbeirufen der guten Geister, im Wegschreien, im lauten Vertreiben der bösen Geister…., wir müssen diese Praxis nicht immitieren – diese Immitation macht uns nicht „frommer". Wir leben in der änigmatischen Dimension, wir brauchen dazu keine besondere Ruhe, Sammlung – aber nichts gegen eine meditative Ruhe, Sammlung, in der an diese änigmatische Dimension von uns und der Änigma, in die wir einkehren, besonders gedacht wird.

29.04.2519

Päpste sind Witzfiguren, sind Möchtegerne ohne theologische Kraft. Eigentlich sind sie Herr Meier, Herr Müller, Herr Sforza geblieben. Dreist haben sie sich eine Akommunikations-Attrappe, einen Draht zum Himmel, zur theologischen Kraft, die sie gerne hätten, hinzugebastelt.

28.04.2519

Luther war komplett ohne theologische Kraft, er dozierte allenfalls eine kräftige, eine robust erneuerte paulinistische Religionsideologie (Theologie). Er kommunizierte keine eigenen Akommunikationen.

27.04.2519

Ich bin nicht nur ein Philosoph mit philosophischer Kraft
– wovon z.B. Nietzsche und Spinoza starke besassen -,
sondern mit theologischer Kraft. Das ist das Neue und
Andere- womöglich seit Heraklit, bei dem ich
theologische Kraft von den Alten und Ersten am ehesten
vermute.

26.04.2519

Wir haben also eine mehr und eine weniger tierische
Physistemen-Entwicklung und -Vielfalt auf Erden. Wir
müssen, um uns zu begreifen, auf unsere tiererischere
zurückgreifen, sie in unser Welt- und Selbstbild
einbeziehen – so wie wir einer Genesis einer Welt
angehören mit änigmatischer Dimension und wir diese
Dimension, die alteligiös „göttlich" heisst, in unser Welt-
und Selbstbild einbeziehen. Wir schwanken also oder es
schwankt in uns zwischen Tier und Gott (Änigma). Wir
sind mit den anderen Physistemen dieser Erde
verbunden, mit der physischen, tierisch physischen, aber
auch mit der änigmatischen Dimension.

26.04.2519

Es hat keinen Sinn, auf das Scheissen zu scheissen und
zu beten oder zu meditieren, dass ich mich nur noch in
Meditation auflöse. Dieses ganze mönchische und
nonnische Theater, egal, ob in Europa oder in Nepal ist
kompletter Unsinn, ist ideologisches Theater.

25.04.2519

Nochmals. Liebessache ist reine Privatsache, Staatsangelegenheit, Fürsorgestaatsangelegenheit wird sie, wenn es um Kinder geht – nennen wir das ein genesianisches Prinzip (genesianische Kooperations-ethik). Deswegen kann nur „staatlich" heiraten, wer Kinder zur Welt brachte (Frau-Mann-Ehe, oder Mann-Mann oder Frau-Frau oder Frau-Frau-Mann oder Mann-Mann-Frau).

24.04.2519

Sollte der Protestantismus seine falschen paulinischen Wurzeln ausreissen – bleibt der ebionitische Boden, der Jungbrunnen einer neujüdischen Sekte – möglicherweise mit einem akommunizierten jüdischen Guru namens Jeshua – übrig – der nicht gekommen ist, um alle auf der Welt zu „entsündigen" und zu „befreien" vom Leben, sondern, da die Zeit dafür nicht mehr reicht, denn „der Tag der Tage" ist nahe, eine eingeschworene, ihm folgende jüdische Gruppe – er, der König der Juden, führt sie in das Heilige Reich seines Vaters....er wird sterben und umso unsterblicher und erhabener und erheiterter zu ihnen zurückkehren, auf ewig. Amen.

23.04.2519

Demnächst liefert die Grosssekte ein anderes paulinistisches Fundament, die Erbsünde, dem Zeitgeist aus – Nachfragen, wofür ihr Christus am Kreuz sonst gestorben sei, als für diese Erbsünde, beantwortet sie: darüber werde im nächsten Kirchentag abgestimmt.

22.04.2519

Über den Betreuungsvertrag. Anstatt die Ehe zu überfrachten, nehmen wir an, es differenziert sich aus der änigmatischen oder genesianischen Ehe der „Betreuungsvertrag":Lebenspartnerinnen, Ehepartner, beste Freundinnen, Freunde, Familienangehörige können sich verpflichtend eintragen, wem sie in Zeiten der Not beistehen werden. Nehmen wir an, ein Betreuungsvertrag wird alle 10 Jahre automatisch verlängert, falls nicht gekündigt. Davor oder danach ist er nur kündbar, wenn nachweislich ein eigener Not- bzw. Betreuungsfall eingetreten ist. Familienangehörige stellen sich diese Verträge dann häufig aus. Mit diesem Betreuungsvertrag bringen Sie verbindlich zum Ausdruck, dass sie sich für ihre Eltern oder Geschwister oder, eben, ihren Partner, ihre Ehefrau, ihre zwei Ehemänner einsetzen werden, falls sie in Not geraten, Hilfe brauchen. Da die Verbindlichkeit langwierig ist, empfiehlt es sich, genau zu überlegen, mit wem und für wen ein Betreungsvertrag abgeschlossen wird.

22.04.2519

Der Staat schliesst automatisch einen Betreuungsvertrag von Eltern für ihre minderjährigen Kinder ab, ob die Eltern verheiratet sind oder nicht. Eine reine Zeugungsmutter kann von diesem Vertrag entbunden werden, sofern ein Betreuungsvertrag für das Kind mit der Adoptionsmutter besteht. Dasselbe gilt für den zeugenden Vater, sofern dieser nur als Samenspender fungiert. Ansonsten ist jeder Geschlechtsakt, der potentiell ein Kind erzeugt, potentiell mit einem Betreuungsvertrag für das Kind verbunden.

21.04.2519

Eine genesianische (oder änigmatische) Ehe von maximal 3 Personen (meistens: Frau – Mann, sehr selten: Mann/Frau/Transsexuelle) ist die Erklärung eines Kinderwunsches, für Liebeserklärungen und -verbindungen allein ist der Staat nicht zuständig, sollte er nicht zuständig sein.

…eine Begüngstigung der staatlich eingetragenen Ehe gibt es nur, wenn es Kinder gibt, sonst verfällt und endet die Begünstigung nach einer Frist (bzw. sie tritt gar nicht in kraft).

der Staat sollte sich in Ehe-Sachen raushalten, nur einmischen, wenn es um Kinder geht. Ansonsten ist die genesianische oder änigmatische Ehe frei. Eingetragen wird sie nur, wenn es um Kinder geht.

21.04.2519

Über die neue Eheform: die änigmatische oder genesianische Ehe – als Alternative zur Ehe dieser Grossekte, die sich „christlich" nennt – die genesianische od änigmatische Ehe sollten wir und werden wir eines Tages etablieren, die der Genesis unserer Welt und der Änigma verbunden ist (Ehe-zu-dritt, maximal zu viert) ist denkbar),so dass die Leute „änigmatisch" statt „christlich" heiraten wollen

21.04.2519

Eine Konstante in der menschlichen Geschichte seit 500
00 Jahren mindestens ist der kleinfamiliäre Genpool –
Adam und Eva und deren Kinder, deren Söhne und
Töchter….

21.04.2519

Ehe zu dritt – sollte staatlich anerkannt werden
(natürlich bleibt die Diskussion für mehr offfen, warum
nicht zu fünft und so weiter…).

21.04.2519

Über den Gen-Pool der „Kleinfamilie". Kleinkinder
können auch in Kinderhäusern mit vielen Müttern zur
Welt kommen und für diese indigene oder Kommunen-
Gemeinschaft sich „normal" entwickeln,
kinderaufziehende Vaterhäuser sind, soweit ich sehe, der
Ethnologie nicht bekannt (wobei ihr Auftreten nicht
überraschend wäre) – und doch besteht die (Gleich-)-
Wahrscheinlichkeit, dass sich die Beziehung zur
leibhaften Mutter und zum Partner oder damaligen
Partner, dem Vater, als besonders entwickelt.

21.04.2519

Über den Gen-Pool der Kernfamilie. Der kleinfamiliäre
Kern – die Kernfamilie und der Mutter- und Vater-
Begriff, der zugleich meistens den Genpool definiert, der
das Kind definiert – ist keine Erfindung der Neuzeit, der
Moderne, auch wenn das modernistische

Geschichtswissenschaft gerne so darstellt und im Mittelalter das „Grosse Haus" – eine Art Hauskommune, in der die Kinder nicht genau wüssten, wer ihre Eltern und Geschwister sind, wer nicht bzw. aus diesem Wissen kein (klein-)familiäres Bewusstsein und Verhalten konstruierten – als „normal" bezeichnete. Das römische Erb- und Familienrecht, Basis des modernen, zeigt an, was davon zu halten ist. Freud machte dann in seiner urhistorischen Projektion und Fantasie die Urhorde daraus, in der ein Patriarchat mit einem Frauenharem und unterdrückten Söhnen und Töchtern regiert, wie auch, ungeschrieben, das Inzestgebot….Offenbar vergriff sich dieser freudsche Urvater nicht an seinen Töchtern…. – tatsächlich gibt es diese Vergemeinschaftungs- und Familiarisierungsform in der tiererischeren Physistemeentwicklung dieses Planeten – etwa bei Löwen, bis ein Rudel jüngerer Löwen – die eigenen Söhne sind es genetisch nicht – oder ein Bruderpaar – den Patriarchen, den bis dahin siegreichen Löwen – vertreiben, allenfalls im Kampf töten – und sein Harem übernehmen – ausser dessen Nachwuchs, der wird liquidiert. Das heisst: hier fressen eben nicht die Söhne den Vater auf, um mit der Mutter Sex zu haben, sondern fremde Söhne töten einen fremden Vater und dessen Kinder, dessen Nachwuchs, um mit dessen Harem zu kopulieren und sich fortzupflanzen. Dass die Löwinnen sich ab und zu einmischen – manchmal (selten) dem Haremschef zur Seite stehen und helfen, die neuen Eindringle oder eine Jünglingstruppe zu vertreiben, sei ein Hinweis darauf, dass die Löwinnen nicht immer nur die passive Sexware sind, um die es hauptsächlich geht, in diesem ewigen Kampf zwischen verschiedenen klein-

und gruppen-familiären Kernen (Genpools) angehörenden männlichen Löwen.

22.04.2519

Um die Rasse fit zu halten, hat sich tatsächlich eine permanente dynamische Rekombination ihres Genpools als stabil, als statistisch optimal überlebensfähig erwiesen – wozu eine breite räumliche Verteilung und Verbreitung gehört (also in einem Tal eingeschlossen, würde die Löwenpopulation degenerien – wobei es Populationen gibt, für die ist dieses Tal riesig, sie degeniert nicht in ihm). Man kann sagen zur Genetik gehört die Verräumlichung, sie definiert sich auch durch den genetischen Raum oder Umkreis, in dem die Gattung expandierte, den sie für ihre fitte Fortpflanzung braucht. Gehlen meinte ja, beim Mensch gehört der Weltraum dazu, wir meinen, dem Menschen ist jedenfalls die änigmatische Dimension des Weltraums, der Genesis der Welt, „eingepflanzt", stärker als in anderen Physistemen dieses Planeten. Auch sie nehmen, in reduzierter bis sehr reduzierter Form an der änigmatischen Dimension der Genesis unserer Welt teil.

21.04.2519

Nicht nur postabrahamisch aufgeklärte Homosexuelle verzichten auf dieses Stockholm Syndrom und heiraten bestimmt nicht in dieser Grosssekte, um ihr damit einen „Persilschein" für ihre jahrhundertlange Homosexuellen-Verfolgung auszustellen.

…die späte Rache der Homosexuellen an der Sekte, die sie jahrhundertelange verfolgt und gequält hat, sie höhlt aus, untergräbt jetzt komplett ihre Fundamente. Auge um Auge, Zahn um Zahn (verzögert).

21,04.2519

Auch hiert ist „postabrahamisch" weder ein reaktionäres Anti-Homo-Ehe-Votum, noch eines für die christliche Homo-Ehe (was ein kompletter Witz ist) – sondern eine dritte, andere Position.

20.04.2519

Der neue Witz der sich dem Populismus anbiedernden Grosssekte: In Österreich dürfen homosexuelle Protestanten kirchlich heiraten: eine „christliche" Groteske – am Anfang schuf Gott Mann und Mann, Frau und Frau – die Sekte kippt ihre Grundlagentexte in den Müll – auch für sie kommt Brot vor (ihrer) Moral. Die Selbstdemontage, die Selbstabschaffung der sich Christentum nennenden Grosssekte unter dem Deckmantel der Erneuerung und Anpassung an den Zeitgeist schreitet voran.

20.04.2519

Heiraten wollten sogar Ebioniten nicht mehr, sondern „Kind und Weib" verlassen -denn der Tag der Tage war nahe und sie übten sich in der Liebe des Jenseits, nicht in der Liebe dieser Welt, in der körperlosen „Nächstenliebe" (vgl. Neues Testament, Antwort der dortigen Jeshua-Figur auf Fragen nach der Ehe).

19.04.2519

Ob ich Martin Buber gelesen hätte? Anschliessend wurde ich durch die Blume bedroht von einem kleinen Vollidioten. Die ultraorthodoxen Juden finden es nur super, wenn ultraorthodoxe Muslime kritisiert werden. Oder ultraorthodoxe Christen – die gibt es ja auch noch – aber, bitte, nicht sie. De facto nimmt eine postabrahamische/postbuddhistische Haltung aber die gleiche Distanz zu allen Abrahamismen und Buddhismen ein – vor Gott, der Änigma, ist jede Religion dieser Erde und unser Menschenbrut gleich, um es mal deutlich zu sagen. Religiös oder philosophisch: Sie sind Emanationen, enthalten sie denn wirklichen akommunikativen Gehalt, nicht bloss starke Suggestionen, der gleichen, der einen änigmatischen Dimension, von Gott, der Änigma.

19.04.2519

Dem ultraorthodoxen Judentum entzieht die Religionswissenschaft gerade die Figur des Moses (vgl. z.B. Verena Frenzen (2012))- es bezieht sich dementsprechend immer mehr auf eine reine Chimäre, sie wird immer mehr reine Ideologie, und man kann sagen, je mehr eine Religion reine Ideologie wird, je mehr sie ihre Krise versteckt, verstecken will, desto leerer wird sie innerlich, desto gewalttätiger nach Aussen – gut beobachen lässt sich das bei der katholischen Kirche zu Beginn des 17. Jahrhunderts (Stichwort: Servet (verbrannt 1600 in Genf), französischer Satiriker (verbrannt 1611 in Rom), Vanini (verbrannt 1619 in Toulouse), Galileisti, Kepleristi).

18.04.2519

Die judäische Genesis beschreibt die Genesis des Gottes Abrahams, die erste Genesis, als Paradies und die Entstehung der Genesis unserer Welt, die zweite Genesis, als Verfluchung und Exodus aus der ersten – dabei steckt in der ersten der grössere Wurm. Jetzt sind wir uns höchstens selber der Fluch, während im sogenannten Paradies immer noch die Schlange steckt. Wer wollte in dieses Paradies zurück? Dann lieber schwitzen im eigenen Angesicht! Die Vertreibung aus diesem Paradies war tatsächlich unsere Flucht aus ihm, wir retteten uns vor diesem Horrorgarten und nahmen ein Wissen um Welt und uns mit – oh, Scham – , für eine Heimat ohne abgrundtiefe Heimtücke und Bäume, die uns verboten sind.

17.04.2519

Die Religion des Tabula Rasa. Das, was sich heute als Christentum verkauft, ist die Erscheinung einer jahrhundertlange erfolgreichen Grosssekte, die mit Geschichtsklitterung, Verdrängung, Einseitigkeit und Lüge, Selbstanlügung operiert – das Kreuz ist nicht urchristlich, der Kirchturm ist nicht urchristlich, der Paulinismus ist nicht urchristlich, seine Erzählung von der kleinen Wiedergeburt ihres Sekten-Führes, des hohen Sinnes seines Todes, ihre Erzsündenhaftigkeit, das alles ist haltlos, ist nicht urchristlich – ist das Gegenteil von „ebionitisch". Ähnlich ergeht es dem Islam – weder Muezzin gehört zum Koran, noch dieser Koran gehört zum Testament Mohammeds, das vernichtet wurde wie ältere Versionen des Korans. So gehört dementsprechend auch nicht die Spaltung in Schiiten, Sunniten,,, zu diesem, sie sind „Strafen", sie sind Folgen des fehlenden, des vernichteten Testaments. In ähnlichen Irrtümern bewegt sich der Buddhismus, Und so weiter. Was hier empfohlen wird: ist „tabula rasa" zu machen, postabrahamisch, postbuddhistisch. So kann die akommunikative Erleuchtung: „Philosoph. Du bist Philosoph" gedeutet werden: mach tabula rasa, macht tabula rasa (was bekanntlich jede Philosophie in einem gewissen Sinne macht).

16.04.2519

Das „Böse" als metaphysisch darzustellen, wie das Von Schirach machte, ist billiger Aberglaube, mehr nicht. Das Bösartigste, was unser Gattung passieren kann, ist ihre Degeneration und Ausrottung. Insofern enthalten Atomkraftwerke und Atomwaffenarsenale „das Böse" konzentriert. Wir sind also eine recht böse, aber hoffentlich nicht zu blöde Brut, die übrigens harmlosere Menschenrassen ausrottete – die Rasse der Homo sapiens ist rassistisch expandiert. Insofern könnte uns unser Ausrottungserfolg eines Tages selber schaden, ja, er tut es bereits. Zu böse sein, zu gut sein – beides ist nicht gut. Immer muss die Austarierung, die Vermittelung, uns helfen, uns über Wasser zu halten, das eine zu bremsen, zu behindern, das andere zu fördern, zu entwickeln. Wenig Sinn macht es, ohne das Gute und das Vermittelnde über „das Böse" zu reden.

15.04.2519

3-Sat-Dokumentation über Von Schirach und Anselm
Kiefer. Zwei ältere Herren diskutieren über „das Böse".
Der kein Klischee, keine etablierte paulinistische
Wendung auslassende Schirach redet dann von Kindern
mit Krebs und anderen Naturkatastrophen, Kiefer meint,
es läge an einer (dauerfhaften? selten vorkommenden?)
Fehlkonstruktion des Menschen oder an Gott (Schirach,
auch das eine Platitüde) – damit ist der abrahamistische
Gott gemeint. De facto aus postabrahamischer und
änigmatischer Perspektive gibt es das Böse nicht, aber
die starke Trennung zwischen unserer Genesis und der
Genesis (der) Änigma – die Spinoza aufhob, Hegel
dialektisch machte, Heidegger reontologisierte. Das sog.
„Böse" ist Sache unserer Genesis, ihrer Autopoiesis,
nicht Sache Gottes, der Änigma. Es gibt keinen Grund,
„das Böse" der Änigma oder der änigmatischen
Dimension unserer Genesis zuzuschreiben. Selbst die
abrahamistischen Erzählungen kamen nicht umhin, das
Böse, das Ab(...)gefallene als sekundär darzustellen –
das trifft einen wahren Kern. Was es mit Kinderkrebs,
Schwerstmissbildung, Naturkatastrophen, Holocausts und
Kriegen, allenfalls auch blutige Revolutionen, auf sich
hat: das sind bald endende Prozesse, Verläufe, die wir
oder eine Gruppe, eine andere Gruppe nicht, als
„negativ" beurteilen, die Eltern des betroffenen Kindes
und das Kind selber als erschreckend, als nicht
gewünscht, als zu vermeiden. sie sind, wie böse gemeine
Schmerzen, Anzeichen von Leitplanken unseres
evolutiven Lebensstroms, der Autopoiesis unserer
Genesis, die auf ein Leben innerhalb dieser Leitplanken,
auf Weiterleben, auf Ausbau des Lebens, auf ein

fröhliches Abenteuer, auf die Feier des auserlesenen Lebens, zusteuert – und alles, was damit kollidiert, dies beeinträchtigt, gefährdet, bedroht ist „böse" – so wird hier „böse" genannt, was die Grundlagen unserer hohen Komplexität als Grundlage unserer auserlesenen Feier zu leben, statt nichts zu sein, ausmacht, übrigens zu der auch die Sterblichkeit ohnehin, ohne " böse" zu sein, gehört.

15.04.2519

Den Paulinisten gelang eine Geschichte, in der das Böse (die Freiheit des Menschen?), als Ursache im Menschen selbst zu suchen war, ohne dass ihr Gott, das Gute, damit beschnmutzt, befleckt wurde. De facto reden sie von der „genesitischen Trennung". Von der Trennung und Differenz, wenn es auch verbindende Dimensionen gibt, zwischen unserer Genesis und der Genesis der Änigma – die genesitische oder genesistische Trennung. Ihr dauerndes Reentry ist weltkonstituierend.

15.04.2519

Die marxistische Geschichtschreibung hielt Klassen-kämpfe für unvermeidlich – für den „Feudaladel" endete es in der Französischen Revolution „böse" – bald aber auch für die Revolutionäre selber.

15.04.2519

Bösartig wäre, wenn eine Oberschicht, mit ihrem Staatsmachtapparat die grosse Bevölkerung gegen andere (nationalisierte) Bevölkerungen bewusst in Kriege treibt, sie aufhetzt und manipuliert, mit dem Risiko, dass ihr im

Verlauf dieses Prozesses entgleitet, was sie unbedingt erhalten will: ihre Macht und nicht verlieren will: ihr Leben. Kurzum, wenn wir über „das Böse" reden, reicht es, über uns zu reden.

14.04.2519

Der Tod des Autors. So ähnlich wie der Paulinismus die Wiedergeburt ihres Sekten-Jeschua inszeniert, inszenierten Barthes und Foucault den Tod des Autors: für ihre Wiederbelebung, für ihre Reputation: Höhepunkte.

13.04.2519

Tatsächlich ist aber eine Unterscheidung, eine Abgrenzung zwischen gesteigerter Grenzerfahrung und grenzenlosem Wahnsinn notwendig und angebracht. Akommunikatives Ereignis ist eine Vertiefung der Aufkärung über die Welt – Schwindel – Geistheiler mit direkter Verbindung zum Jenseits – und Wahnsinn sind eine Verdunkelung und Vertrübung von ihr.

12.04.2519

Elastisches, dialektisches Denken ist gefragt, reden wir über parasynchrone Traumerlebnisse – Erzrationalisten und -rationalistinnen fällt das schwer – sie können nur gut zwischen „normal" und „abnormal/spinnert" unterscheiden. Die Angst verfolgt sie, dass sie tatsächliche Paranormalität von Abnormalität und Schwindelei nicht unterscheiden können,bzw. unterscheiden müssten. Also kommt einer mit einer echten akommunikativen Erfahrung zu ihnen in die Praxis (sicher nicht deswegen) oder wird einer mit einem Jesus-Wahn oder Mohammed-Wahn oder Buddha-Wahn zu ihnen gebracht.

12.04.2519

Letztlich sind es aber weder Spinner noch Chefpsychiaterinnen die über die komplexe Realität unserer Genesis mit ihrer änigmatischen Dimension bestimmen. Eine gute Richtline für parasynchrone Träume liefern die zwei Arbeiten von C.G.Jung über Synchronizität (ein Aufsatz liegt vor z.b. in: Grundwerk C.G.Jung. Band 2 (Olten 1984), S. 279-290; die grössere, nicht unbedingt bessere Arbeit „Synchronizität als ein Prinzip akausaler Zusammenhänge" findet sich in GW, Bd. VIII; siehe auch Briefe III (Index)).

11.04.2519

Im Traum wird durch das Traumbewusstsein viel mehr von der Resonanz und Korrespondenz der ganzen Physisteme „bewusst", zumal „traumbewusst". Ebenso von der Umwelt.

11.04.2519 (2)

Im Traum kann ein Zugang zu einer Zukunft der Welt in Sequenzen, kann ein änigmagtisches Moment, wie das seltene Zusammenprallen von physikalischen Teilchen, einen parasynchronen Traum auslösen, der sich später als „Realität" der Umwelt erfahren wird (nein, nicht aus Ermüdung oder Geisteskrankheit eine Sinnestäuschung, sondern eine nüchterne, meistens unaufgeregte reale Erfahrung, die sich mit einer geträumten synchronisiert, verdoppelt und vereint....). Es ist zu vermuten, dass der Parasynchroniker Nostradamus, sequenzenweise „Hilléeeee" (Hitler) gesehen, gehört hat – was natürlich unser Weltbild mit der offenen Zukunft über den Haufen wirft – für solche Ideen stehen vernünftige Menschen nicht offen, nur ein paar Spinner und die Direktoren und Direktorinnen unserer öffentlichen Psychiatrieanstalten.

10.04.2519

Die Psychoanalyse – ausser die C.G.Jungsche, soweit ich sehe – verdrängt die änigmatische Dimension, die änigmatische Korresondenz im Traum, die dich als Zehnjährige/r so wie als Sechzigjährige tangieren kann, und, wie gesagt, den umfassenden Bereich der physis-physistemischen Dimension. Es wird also „eng" und „pseudo-übersichtlich" in den freudianisierten Sitzungen (in solchen ich schon sass).

09.04.2519

Die Psychoanalyse hat nicht nur den Begriff Verdrängung kultiviert, sie kultiviert vielmehr eine eigene Verdrängungskultur. Sie verdrängte die physis-physistemische Korrespondenz aus den Träumen. Die kann sie nicht verstehen, nicht lesen, nicht deuten, ausser sie ist sexuell konnotiert und auch das nur in einem aufgesetzten heteronormativ-andro- oder phallozentrischen Raster. Aber die allgemeine Pathographie, die pathographische Korrespondenz, die unsere physis-physistemische Ebene mit uns, mit unserem, mit „ihrem" Traumbewusstsein und Bewusstsein permanent führt, die verdrängt und verkennt sie, die ist für sie inexistent.

09.04.2519

Unsere Physisteme „korrespondiert" mit uns, ihre Sprache, ihre Korrespondenz formt sie in Träume. Ähnlich wie die Änigma. Wir müssen also unterscheiden aus welcher Dimension die Korrespondenz des Traumes stammt: ob aus der physis-physistemischen, aus der psycho-physistemischen (hier kommt das zum Zug, was „Tagesreste", „Tageserlebnisse" heisst) oder, ganz selten, wahrscheinlich, aus der änigmatischen.

08.04.2519

Über die physis-physistemische Korrespondenz des Traums. Wenn Gruseltraumsequenzen im körpernahen Traumbewusstsein – auf mehr oder weniger verschlungene Weise – mit „gruseligen" oder gefährlichen Körperereignissequenzen korrespondieren, bzw. letztere mit dem Traumbewusstsein in Korrespondenz stehen. Wenn physis-physistemische Stressituationen, etwa die Bewältigung von gefährlichen Zellmutationen, de facto die erfolgreiche Abwehr von Todesgefahr auf physistemischer Mikroebene, bis in unser Unbewusstes resonnieren. Wir sollten uns also fragen, welche physis-physistemische Korrespondenz hat ein Traum.

08.04.2519 (2)

Wahrscheinlich träumen wir unseren Krebs, lange, bevor er uns bewusst ist. Insofern missachten wir einen wichtig Informationsquelle, nämlich unsere physischere Physisteme, halten wir „Alpträume" und „komische Träume" nur für störenden Bewusstseinsabfall.

07.04.2519

Über die Allgegenwart des Paulinismus in den Medien und Köpfen der Menschen…..

07.04.2519

Über die Ideologisierung der Medien durch Paulinisten, die sich heute „Christen" nennen. n-tv bringt Reportage über die Einweihung einer neuen Kirchenglocke in eine Dorfkirche. Dabei haben Kirchenglocken mit Bibel wie Muezzin mit Koran nichts zu tun. In der Reportage wird betont, wieviele „Jahrhunderte die alte Glocke schon schlug und die neue schlagen wird…." – insinuierend: viele Jahrhunderte; das muss was heissen….De facto kann das bloss heissen, dass jahrhundertelang ein ideologischer Schmarren betrieben wurde… und dass auch der Kirchenglocke, die jede Stunde schlägt, eines Tages die Stunde schlagen wird.

Zwei Stunden später sendet RTL den Kinofilm „Der letzte Hexenjäger" (2016) – und kolportiert alle paulinisierten Klischees: sauber getrennter Gut-Böse-Manichäismus, Hexen sind tatsächlich Hexen, der gute weisse Mann und Christ aus dem Vatikan, der

Abrahamist, unterdrückt die böse dämonische „Weiber-Ordnung", teilweise angelehnt an „Van Helsing" (Vampirjäger des Vatikans), „Highlander" (Schwert ist immer noch die Waffe der Wahl…) und Elemente von „Underworld" (Hexen schlossen mit Menschen Friedenspakt). Dabei erblödeten sich prominente Schauspieler wie Michael Cane und Schauspielerinnen wie Rose Leslie nicht, dieses Theater des Paulinismus mitzuspielen. Für das vom paulinisierten Christentum indoktrinierte, nicht so aufgeklärte, nicht so helle Publikum, erscheint hier nicht nur reine Fiktion, sondern virtueller Geschichts- und Meinungsunterricht, die Grenze zwischen historischer Fiktion und virtuellem Geschichtsunterricht ist wie die zwischen Bewusstsein und Unbewusstsein, fliessend…. Schauspielerinnen und Schauspieler sollten sich überlegen, ob sie in solchen Spielfilmen mitspielen oder nicht. Post-abrahamisch aufgeklärte werden das nicht tun. Sie werden in anderen Filmen über das paulinisierte Christentum spielen – in postabrahamisch aufgeklärten und aufklärenden.

06.04.2519

„…..die „rettende" Taufe ist eine demütigende Unterwerfung unter diese Unterstellung….."

05.04.2519

Spinoza unterschätzte die Eigenständigkeit, die Autopoiesis der Genesis unserer Welt. Auch wenn ihre änigmatische Dimension besteht, die Verbindung, die Ebene mit der Genesis Änigma.

04.04.2519

In der änigmatischen Dimension unserer Genesis, der Genesis unserer Welt, hast du die Änigma nie verlassen, hat sie dich, hat sie unsere Genesis, nie verlassen.

04.04.2519

Natürlich können wir ein Auszeichnungsfest für jede Neugeborene zelebrieren – in der wir das Reentry in das Leben und das Deentry aus dem Leben, die Kehre, die Heimkehr, die Einkehr, zugleich feiern. Sie umfasst Welt, Leben und Sterben, und Änigma – es ist „die" Geburtstagsfeier.

03.04.2519

Es ist eine Weihe der Änigma für Frischgeborene denkbar, aber unnötig. Die Frischgeborenheit ist die Taufe der Änigma.

02.04.2519

Tauft ja eure Kinder nicht – dann gebt ihr dieser Sekte Zucker!

02.04.2519

Postabrahamische Aufklärung, statt Abrahamismus; Über die Anfänge statt das Neue Testament des Paulinismus.

01.04.2519

Missbrauchsfälle? Ja, selbstgefällige ! Die katholische Ideologie unterstellt eine Erzverdorbenheit der menschlichen Natur, die „rettende" Taufe ist eine demütigende Unterwerfung unter diese Unterstellung, und sexuelles Sündigen ihre geile Selbstbestätigung: seht, wie verdorben wir sind. Doch, dieser Zirkel ist kein Naturgesetz.

31.03.2519

Über die Anfänge kämpft auch für die späte Gerechtigkeit für die Ebioniten, die ihnen der Paulinismus gestohlen hat. Er baut bis heute auf diesem Raub.

30.03.2519

Über neue Religionssteuer. Statt Kirchensteuer, nennen wir sie: Religionssteuer. wir sollten sie in einen Staatsfond für staatlich anerkannte Religionsgemeinschaften einzahlen, in dem die freiwillig Einzahlenden ankreuzen können, welcher oder welchen Gemeinschaften sie ihre Einzahlung bzw. Teile davon, zukommen lassen. Diese Gemeinschaften oder Vereine besitzen eine staatliche Anerkennung, die sie unter Umständen verlieren können, wenn diese spirituelle Gemeinschaft zum Beispiel massenhaft Verbrechen aus ihren sektenbedingten Verhaltensstörungen heraus produziert – seien es verbal begangene Verbrechen (z.B. Aufforderung zum Mord von anderen Gemeinschaftsanhängern, die als „Nichtgläubige" oder

„Heiden" oder „Juden" diffamiert werden…), finanzielle Abzocke oder sexuelle Missbräuche an Kindern – mit anderen Worten, die katholische Religionsgemeinschaft hätte unter solchen Rechts- und Vereinsverhältnissen ihre Anerkennung längst verwirkt – offensichtlich fühlt sie sich heute so geschützt, ist die Funktion der rechtlichen und staatlichen Kontrolle über sie so ausgehebelt, so ohnmächtig…., sie müsste sich dann nicht auflösen, aber komplett selber finanzieren durch Spenden, – aber nur von aktiven Mitgliedern, keine grossen „Fremdspenden". Selbstverständlich wird dann die ängimatische Religionsgemeinschaft – die sich auf solide Akommunikationsereignisse stützen kann – meine müssen nicht die einzigen und die letzen sein – eine neben der jüd, christl, muslim, buddhistischen, hinduistischen etc. sein – und aus dem Staatsfond für anerkannte Religionsgemeinschaften (teil)finanziert werden.

30.03.2519

Wir werden eines Tages eine Religionsgemeinschaft, eine Philosophiegemeinschaft, eine Kooperations-gemeinschaft sein – global, lokal – die globalste, die lokalste.

30.03.2519 (2)

Sie wird den Anspruch allerdings haben, dass sie nicht eine neben den anderen ist, sondern die eine und einzige über den anderen (so wie das im Prinzip die anderen religiösen Überlegenheitsekstasen auch tun- auch wenn sie diesen Anspruch, vor allem, wenn er ihnen nicht mehr realistisch erscheint, negieren – wie kürzlich der Bischof von Rom, den dessen Grosssektenanhänger „Papst" nennen. Die muslimische Gemeinde vertritt diesen Anspruch immer noch. Sie wusste, Rom hat sich das Christentum angeeignet, um mit ihm den mächtigsten und universellsten Gott ins Feld zu führen. De facto haben die alten Religionsgemeinschaften dennoch das Problem, ausnahmslos einen provinziellen Universalismus zu vertreten, keinen globalen, wie die Änigmatischen, wie die Genesianischen.

29.03.2519

Über die Anfänge kämpft auch für die späte Gerechtigkeit und historische Berechtigung der Ebioniten, die ihnen vom Paulinismus genommen wurde. Er baut bis heute auf diesem Raub.

29.03.2519

Diese Kirche baut auf einem fragwürdigen Halbsatz, in dem angeblich Jeschua Petrus zum Fels in der Brandung erklärt .Dieser Jeschua ist eine paulinistische Imagination. Der hist. Jeschua predigte eher: die Zeit ist nah. und nicht, baut eine Kirche, es dauert, bis ich zurückkehre.

28.03.2519

Du kannst den Abrahamismus Zwei schlichtwegs abschaffen, zu Ende führen, immer mehr auslaufen lassen, Gott, die Änigma, wird das nicht spüren. Sie hat Abrahamismus längstens verlassen oder nie bewohnt

27.03.2519

Ab 80 Jahren ist alles nur noch auf Zeit. Du beginnst mit allem Abschied zu nehmen. Wie dauerhaft, wie alltäglich, mit dem Gedanken deiner Sterblichkeit zu leben. Der Albtraum, der Albdruck wird dich immer verfolgen. Du kannst ihn nicht mehr vergessen – es ist der Engel des Todes oder die Änigma mit offenen Armen, das Bett der Frau Holle oder die kalte Liege im Obduktionszimmer, vor dem Krematoriumsoffen, es sei, du kann wie die Genesianen, wie die Änigmatischen es tun werden, in der offenen See in die Tiefe versenkt werden.

27.03.2519

Sagen die Eltern: Kind, ich schenk dir mit dem Leben das Potential von 30 000 Tagen und Nächten. Nicht jeder, jede schöpft es aus, einige übertreffen es. Unsere Physisteme ist komplex. Du hast ihre hohen Fähigkeiten mit der Sterblichkeit, also Dysfunktion, Alterung, Regenerationsfehlern zu bezahlen. Wir arbeiten daran, den grossen Fehler unserer Physisteme, die Sterblichkeit, das Altern zu korrigieren. Der Neue Mensch verdiente es, 100 000, der Noch Neuere 1 000 000 Tage und Nächte zu leben.

27.03.2519

Tullio Gregory wurde 90 – er ist auf dem Weg, 35 000 Tage und Nächte zu leben, gelebt zu haben.

26.03.2519

Der dritte Abrahamismus ist sicherlich der unoriginellste von den dreien – böse Zungen sagen, der Islam ist viel plagiatorischer als der Paulinismus (beziehen wir die Ebioniten mit ein, würde ich das bezweifeln). Noch viel „unorigineller" als der historizistische Islam und der Paulinismus ist die Akommunikation „Philosoph. Du bist Philosoph". Wir können davon ausgehen, dass der Änigma an Originalität wenig gelegen ist. Dass sie immmer „gleich" originell ist.

25.03.2519

Gebt Israels Gott zurück. Der einzige Abrahamismus mit originaler Qualität ist der jüdische und war zeitweise der ebionitische. Ersterer wurde jahrhundertelang in die Welt vertrieben und verfolgt, zweiterer verfolgt, verdrängt und vernichtet. Jetzt hat endlich Israel einen Nationalstaat, jetzt fehlt nur noch, dass Abrahamismus zwei und drei ihren gestohlenen Gott, eigentlich ein israelischer Volksgott wie ein koloniales Raubgut Israel zurückgeben (verbunden mit einer Entschuldigung für die jahrhundertlange Verfolgung).

24.03.2519

Katholisch sein ist schlecht fürs Karma (schlechte Märchen, Männchen und massenhaft Kindsmissbrauchsprozesse). Muslimisch sein ist schlecht fürs Karma (vor allem, wenn deren Extremisten ihren Glaubenswahn zum Massenmörderwahn ausbauen…).

23.03.2519

Die Änigma ist keine „Göttlichkeit", die in unseren Gedanken sitzt, sie hat einen gewissen Zugang zu ihnen, so wie in die Genesis unserer Welt. Spekuliere ich. Warum wählte sie sonst den „mühsamen" und „missverständnisgepflasterten" Weg der akommunikativen Vermittlung?

23.03.2519

Unserer Welt ist die änigmatische Dimension einverwoben, es gibt gar nicht oder nicht überall die klare Trennung: unsere Dimension – ihre Dimension; unsere Genesis – ihre Genesis. Über die Präsenz und Macht der Änigma hab ich keine Einsicht, ich kenne und weiss sie als Akommunikation. Sie zeigt Zukunft, sie kann sie zeigen, also kann sie sehen. Aber kann sie sie gestalten? Sie zeigte Zukunft, die Menschen auf der Erde gestalteten.

23.03.2519

Meistens wird lediglich das eigene Echo gehört, wird „Religion" zu diesem Echoraum.

22.03.2519

„....die Frage Gottes ist wieder offen..." (Latour, ebd., S. 189).

21.03.2519

„….als polemischer Begriff, der erfunden wurde, um der angeblichen Invasion der Immanenz entgegenzutreten, muss das Wort „Transzendenz" seinen Sinn ändern, wenn es kein Gegenteil mehr hat." (Bruno Latour: Wir sind nie modern gewesen (frz. 1991), S. 172).

20.03.2519

Eine Akommunikation vermittelt dir, du bist den letzten Dinge näher als andere Menschen und sie vermittelt dir, wie fern du ihnen im Grunde bist (beiden).

19.03.2519

Es gibt eine unendliche Liebe von der Änigma zu uns Menschen. Sie liebt unser Leben und Sterben. Sie sieht, wie schön es ist und wie traurig es ist.

18.03.2519

Gewöhnt euch daran, sie ist wirklich sehr anders und ihr seit für sie wirklich sehr anders.

17.03.2519

Ob ich denn jetzt sterben müsse und ob Gott nicht bei mir sei? Liebe S., die Änigma ist schon bei mir, aber sie ist nicht menschlich und erdisch.

16.03.2519

Die Änigma steht – wie in Über die Anfänge 1-2 thematisiert – auch für die Wiederkehr der Verdrängung von 30 000 Jahren Magna Mater Göttlichkeitsglauben durch eine patriarchalistisch, allzu männliche Gottvorstellung, Gotteslehre des Abrahamismus, in der Vater, Sohn und männlicher Geist für deren komplette Verdrängung und Ersetzung (Entmachtung, Sekundärmachung) sorgten und sorgen. Das sind 3000 Jahre gegen 30 000 Jahre.

16.03.2519

Statt „göttlich" bevorzuge ich das Wort „alienoid" für die Änigma oder beides „göttlich-alienoid". So ganz die ganz Andere ist sie nicht. Es gibt sozusagen einen „realen" Kern an der christologischen Ebenbildtheorie (die völlig androzentrisch, also männerzentriert, ist, so wie das in der Antike massgebliche Philosophen wie Platon, Aristoteles, Galen waren).

15.03.2519

LSD hätte eine ähnliche „todesangstmindernde" Wirkung wie göttliche Erscheinungen…. Für Leute, die eine Akommunikation einfach nicht existieren kann, darf – ist die LSD-Erklärung die letzte Rettung ihrer rein materialistischen Rationalität. Vielleicht hab ich ja zufällig mit 10 Jahren LSD verabreicht bekommmen, und mit 13 Jahren, und mit 18 Jahren, und mit…..- immer war es „eigentlich" LSD (lies: Sinnestäuschung). Auch

Jeschua war auf einem Trip, Mohammed war auf einem Trip. Buddha war auf einem Trip….

14.03.2519

Mein änigmatischer Kreis. Dein änigmatischer Kreis. Ich bin privilegiert, keine Angst vor dem Tod haben zu müssen, weil ich akommuniziert wurde. Das gibt mir eine Stärke für das Leben, die über Jahrhunderte und Jahrtausende wirken wird. Wir fallen nicht in Nichts, sondern in die Änigma. Mich hat Gott, die Änigma angeschrieben, angerufen, parasynchron, akommunikativ, involutiv (sie hat sich aufgedrängt, um es weniger pathetisch zu sagen; „Es" hat sich mitgeteilt). Den Impstoff dieses metaphysischen Privilegs (und dieser metaphysischen Aufdringlichkeit) für alle produzierte ich in Über die Anfänge. Die Botschaft dieses Buches ist, du kannst, du sollst glücklich leben und du kannst, du sollst glücklich sterben. Dafür musst du aber dich einsetzen, etwas tun, Leben schenken, Leben weitergeben, nicht nur das Weitersterben. Das tun, auf deine Art, was Über die Anfänge tut.

13.03.2519

In einer Ebene von uns ist ja das ganz Andere, die wird in uns eintreten, in die werden wir eintreten, sind wir tot.

12.03.2519

In Stonehenge muss eine Akommunikation passiert sein oder sogar eine Involution, sonst macht, sonst hätte dieser mehrtausendjährige Kultort, dieser Vatikan der

Steinzeit, keinen Sinn – ausser dem Exzess eines Aberglaubens im Wandel der Zeiten.

11.03.2519

Mein Lebenskreis, der hat seine Mission accomplished. Ich habe Über die Anfänge geschrieben und die Akommunikationen, die mir widerfuhren, kommuniziert. Mehr Religiösität, ich behaupte sogar, mehr Heiligkeit, mehr göttliche Kraft in unserer Genesis, innerhalb von deren Trägheit und Kraft, geht fast nicht.

10.03.2519

Die Änigmatische Bewegung ist die Religion dieses Zusammenhangs.

09.03.2519

Alle änigmatischen Aktionen, alle Akommunikationen und Involutionen in unserer Kommunikation und Evolution, hängen wahrscheinlich zusammen.

08.03.2519

Andere religiöse Überlegenheitsekstasen – Buddhismus, Judaismus, Jesus, Koran – als Etappen auf dem Weg zur Änigma, zur Änigmatischen Bewegung erfassen und: zulassen.

07.03.2519

Ich meditierte über die Meditation in einem buddhistischen Tempel. Mit dem Rechen kämmte ich Steine. Als
Meister in Taekwondo vertiefte ich sie. Also sind sie
Etappen, durch welche wir reisen, durch welche wir
gehen, auf welchen wir Steine kämmen, im Zeitfluss
dahingleiten, dem Wasser entlang, in Zyklus verharren
und wegfliessen – in Richtung Änigma, Änigmatische
Bewegung.

06.03.2519

Falun Gong ist nichts anderes als aufgefrischter
Buddhismus. Die gleiche, aber modernisierte,
popularisierte Welt- und Lebensflucht-Gestik und -
Gymnastik, ein pseudoreligiöses Fitnessprogramm.
Vielleicht ist es aber auch eine Reformation des
Buddhismus in die richtige Richtung ‚die richtige
„Bewegung". Eine längst fällige Selbstkorrektur, an
deren Ende die Änigmatische Bewegung wartet.

05.03.2519

Die Änigma ruft nach mir. Da ihr eigentlich ein Begriff
von Leben und Sterben fehlt, ist ihr nachzusehen, dass
sie, wenn Sie mich oder dich, schneller als die
Verhältnisse unserer Genesis und unseres Lebens sind,
bei sich haben möchte, aus unserer Perspektive uns
schneller in unseren Tod treibt. Dass sie dann zur
Mörderin wird. Mönchische Leute sagten im Mittelalter
dazu: „Gott hat mich gerufen." Sie hielten ihren Tod für
göttliche Fügung, für übernatürliche Lenkung – oft war

es bloss ein Tod aufgrund fehlender technischer und medizinischer Entwicklung – sei es Pest, eine Sepsis oder sonst dergleichen, was heute sicher nicht mehr zum Tod führt, da kann rufen aus dem Jenseits, wer oder was will.

05.03.2519

Geborenwerden, Auserlesen werden, zu leben, und Sterben – das sind unsere und unserer Genesis essentiellen ersten und letzten Dinge, es ist fraglich, ob ein Gott, eine Göttlichkeit, in sie eingreifen soll, darf. Ob wir das wollen, ob wir das gutheissen können, sollen.

04.03.2519

Du wirst glücklich sterben, wenn du inmitten von Schwangeren, Gebärenden, Müttern, Kindern, Klein- und Kleinstkindern, trunken von dieser Kraft des Lebens, Gebens und Liebens, stirbst, die um dich herum, die durch dich hindurch, das Leben feiern, das Weiterleben produzieren – ach, ja, das Weitersterben, überhaupt das Sterben vergessen machen, und du dich aus der Welt zur Änigma, in die andere Genesis kehrst.

03.03.2519

Da dieses Dasein vom Da dieses Seins bestimmt wurde und als es bestimmt wurde, war ich nicht da. Als ES es bestimmte (wobei dieses Da da ist, wenn ich da bin und wenn ich nicht da bin: Es bestimmt forzu). Dieses Es ist die Änigma oder die änigmatische Dimension unserer Genesis – das ist ein kleiner, vielleicht ein grosser Unterschied.

03.03.2519

Für viele AstrophysikerInnen ist die Vorstellung, dass sich etwas Quasi-Nichtiges in einem Wunder, das sie in den Begriff „Zufall" packen, mit einem Knall zum Dasein unseres Seins, zum Da unserer Genesis „entwickelte", offenbar angenehmer, als die Vorstellung von etwas Änigmatischem, das über diesen nichtigen Zufall, der zufällig nicht mehr nichts ist, hinausgeht, und hineingeht, allenfalls wieder- und wiederkehrt. Also machen sie eigentlich bornierte Gefühls- und Geschmacksphysik, mehr als sie denken (oder sich eingestehen).

02.03.2519

....ich erlebe und ersterbe leider nicht mehr die Übunte der Geburt und der Kehre .... diese erfreuliche Kultur des Gebärens und Sterbens – das wird in späterer Zukunft erst so sein.

01.03.2519

Es wird die Zeit kommen, da lesen wir *Über die Anfänge* wie einen heiligen Text, und es wird unklar bleiben, wo die Akommmunikation in ihm anfängt und wo er in der Kommunikation aufhört. Das weiss sein Autor selber nicht. Du kannst ihn auch wie einen philosophischen Text lesen. Und und und.

30.02.2519

Der historische Jeschua ist nicht gekommen, um „die"
Menschheit zu retten, sondern eine sehr judaisierte, sehr
unter merkwürdigen Unterstellungen und
Voraussetzungen operierende Gruppe – der provinzielle
Universalismus der Paulinisten machte dann so eine Art
Weltmenschenfreund daraus. Die Änigma hat dann Ende
des 20. Jahrhunderts dich, alle als „Philosoph, du bist
Philosoph/in" bezeichnet und mich als tatsächlich diesen
von ihr akommunizierten „Weltmenschenfreund". Gehen
wir von ihren friedlichen Absichten aus.

30.02.2519

Wenn also „Wahnsinn". dann richtig. Werden sich auch
alte Juden gesagt haben, als sie diesen Spinner sahen und
hörten, der sich als Sohn Gottes und wie als der König
der Juden aufführte und ankündigte, dass die Zeit nahe
sei. Die Frohe Botschaft aber sei er persönlich, sei er
leibhaftig, dass er bald wiederkehre mit dem Reich und
der Gloriole seines, ihres Vaters, Gott Vaters. Die
jüdische Jugend war wie verhext und man kann
vermuten, dass dieser Jeschua für das erste Woodstock-
Happening der Weltgeschichte sorgte.

30.02.2519

Die Ebioniten muss man sich als die Hippies, End-Zeit-
Hippies der neujüdischen Sekte, als die einzigen wahren
Christen und Christinnen, vorstellen – bald in den
Schatten der Geschichte gestellt von den bourgeoisen,
machtbewussten, pragmatischen, überaus verschlagenen,

listenreichen, verlogenen und rücksichtslosen Paulinisten.

29.02.2519

Die systematisch betriebene Volksverdummung und Märchenstunde von dafür bestens bezahlten „Bischöfen", „Erzbischöfen", „Kardinälen", „Pfarrerinnen" und wie die staatlich unterstützten Grosssekten-Angestellten sonst noch heissen.

28.02.2519

Buch 6 von *Über die Anfänge* heisst „Änigmatische Kreise".

27.02.2519

Dass du „Weltreligionen" „Grosssekten" nennst- stutzt sie nicht nur auf ihre angemessene Grösse zurück. „Über die Anfänge" ist nicht nur ein Schlüssel aus diesen Grosssekten hinaus, sondern in eine religiöse Dimension von ihnen, die sie sich selber nicht erschliessen können, für den Ausschluss und den Einschluss von Religiösem, verstanden als Kommunikation als transformative Kraft über änigmatische Akommunikation, über Akommunikation der Änigma.

26.02.2519

„Du bist Philosoph" – können andere Religionen auch als änigmatische, sie würden sagen: göttliche oder emanative- Bestätigung ihrer Religion betrachten, nicht als Tabula Rasa, die nichts anderes übrig lassen wird.

25.02.2519

Womöglich gibt sie sich sehr Mühe, für uns verständlich zu sein. Womöglich will sie auch beschützen, verpasst den Schutz dann aber, nicht immer, aber gelegentlich?, um ein paar äonische Mikromilimeter, die bei uns Monate und Jahre sind. Sie muss also höchst präzise und verständlich in unserer Genesis mit uns akommunizieren und involutiv (zu) agieren (versuchen).

24.02.2519

„Philosoph, du bist Philosoph(in)" – will wohl heissen von der Änigma, Religion. Glauben ist, wenn sie wahr ist, kein Chaos von hundert Religionen,kein Turm von Babel, kein Sprachen-Wirrwarr. Es gibt sie, und „nur" sie, wobei „nur" „nur" in unsere Genesis passt.

23,02.2519

Das Parasynchronizitätserlebnis (bei C.G. Jung heisst das Synchronizität, im Alltag „Déja vu") entreisst den Betroffenen die Ilusion, bloss einer Illusion (Selbsttäuschung, Selbsteinbildung, Klartraum) erlegen zu sein.

23.02.2519

Auch wenn wir nicht wissen, was Gott, die Änigma, ist, so besitzen ihre Worte, die sie uns akommuniziert, z.B.

durch übergriffige Worte an Jungs wie mich damals, doch wohl mehr als bloss einen Reiz. Ist ihre Aussagekraft unermesslich (wörtlich: nicht gänzlich ermessbar, begrenzbar, verstehbar).

23.02.2519

Ihr sollt nicht Christen, Christinnen, Muslime, Juden, Hindus, Buddhisten, Atheisten, usw- ihr sollt Philosoph, Philosophin sein, so akommunikativ übermittelt von Gott, die Änigma, anfangs 1970er Jahre. Glaubt und macht es, findet es uninteressant oder verrückt. Eure Entscheidung.

22.02.2519

Ein änigmatischer Wanderkreis für eine kleine Tageswanderung führt von Othmarsingen zur Lenzburg – wo die Wedekinds wohnten – am römischen Theater u Findling vorbei durch den Tunnel für den Fluss zurück nach Othmarsingen. Nennen wir diesen Wanderkreis: Frühlingserwachen.

21.02.2519

Warum ein Kreis, ein Wanderkreis? Weil ein Kreis das ewige Symbol ist, das wir innerhalb unserer begrenzten Lebensspanne durchmessen können. Weil ein Kreis um das Änigma-Ereignis, die ewige Bedeutung der Änigma symbolisiert. Weil wir in der Endlichkeit dieses Unendlichkeitssymbol von Anfang bis Ende, und so „symbolisch" ewig weiter, durchmessen. Ein Wanderkreis um das Änigma-Ereignis in Othmarsingen.

Ist insofern ein medidativer Akt, ein feierlicher Akt, der zelebriert, dass es in unserer Genesis eine änigmatische Dimension und die Genesis der Änigma gibt (vielleicht liefen deswegen die vor-muslimischen Altreligiösen in Mekka einen „heiligen Kreis" um den schwarzen Stein, lange vor der muslimischen Usurpation).

20.02.2519

Wie die Änigma das meint, was sie meint, wissen wir nicht. „Gut" ist, evolutiv betrachtet, das, was überlebt, schlecht, das, was in den Abgrund, in die Auflösung, in die Vernichtung führt. Gut, ist das Kollektiv, das sich überlebenstechnisch fortentwickelt, mitunter den Tod wie auch die Geburt von Einzelnen, als Teil von Vererbung, Paarung, Familiarisierung, Gesellschaftsbildung, ausdifferenzierte und ausdifferenziert.

19.02.2519

Mensch muss leider feststellen, dass Gott, dass die Änigma nicht anders als *übergriffig* werden kann, nicht anders als *übergriffig* wird, nimmt sie Einfluss oder will sie Einfluss nehmen in unserer Welt.

18.02.2519

Einsteins Kinder, die baden gehen…

17.02.2519

Angesichts des wahnsinnig gewordenen Gefahren-potentials unserer Waffenarsenale, ist es wichtig, dass sich die Menschheit möglichst global kooperativ organisiert. So dass Gewalt- und Militärphantasien von einer Gruppe gegen eine andere nicht zum Exkzess dieses militärisch bestehenden Vernichtungswahns führen kann. Der Kooperationskapitalismus ist insofern die Rettungszone der Menschheit, während der Konkurrenzkapitalismus letztlich in die Todeszone führt. Dazu passen die abrahamistischen Endzeitszenarios genauso wie die buddhische Lebensverachtung. Sie sind das Gegenteil von wahren Rettungsreligionen.

16.02.2519

Der Brief, in dem Einstein wohlfeil ausführt, er glaube nicht an Gott, an eine Göttlichkeit, ist weniger wert als Klopapier. Auch wenn er dabei vermutlich – zu Recht – eine bestimmte, abrahamisierte Gottvorstellung ablehnt, schüttet er mit dem Bad das Kind aus.

15.02.2519

All diesen Päpsten und buddhistischen Heiligen, nicht nur atheistischen Einsteins, gegenüber könnte ich arrogant sein und sagen, ihnen hat die Änigma nicht geschenkt (ich nenne es allerdings „aufgedrängt"): was sie mir geschenkt (oder aufgedrängt) hat. Sie müssen lebenslang in ihrem papierenen Glauben und in ihrer professionellen Autosuggestion verharren , um nicht zu sagen, versumpfen. Lebenslänglich ein Theater ihrer Selbst und ihres „Glaubens" pro oder contra Änigma zelebrieren. Ich muss das alles nicht tun. Ich kann ganz „normal" Mensch sein, der akommuniziert wurde.

14.02.2519

Die männlichen, allzu männlichen religiösen Grosssekten der Menschenheit (Abrahamismus 2, 3; Buddhismus) haben letztlich nur Vernichtungspläne für die Menschheit übrig. Die änigmatische, die genesianische Religion hat einen Lebensplan, ist die Philosophie und Religion dieses Lebensplans.

13.02.2519

Mit Gentechnik kannst du supersalubrisierte Menschen wie supermonströse Menschen generieren.

12,02.2519

Mit Menschenklonung wird die Versuchung wachsen, bestimmte Menschenklone zu züchten. Deswegen ist es wichtig, dass der Kooperationskapitalismus möglichst global Raum greift und Fuss fasst. so dass die Freundlichkeit und Kooperativität unter Menschen das Mass an Paranoia und Hass gegeneinander – was zu Gewalt und Militärphantasien anstachelt – klein hält, relativ mit wenig Bedeutung, mit wenig Wichtigkeit für die kooperativ verbundene Menschheit, auflädt.

12.02.2519

Über Autosalubrisation. Medizin und die „Autosalubrisationsbranche" – wer möchte nicht einen „Gencheck" machen…

11.02.2519

Der autosalubrisierende Mensch. Gentechnische Heilmethoden rufe „Urängste" hervor, heisst es, Es ruft auch Urfreuden hervor. Der Mensch ist einen Schritt weiter in seiner Autosalubrisierung, in seiner Selbstgesundmachung, bis auf seine Grundsteine... – er kann sich mehr denn je salubrisieren. Wir sterben heute Krankheiten, die die Salubrisierungstechniken in Zukunft heilen, sogar präventiv eliminieren können. So war es schon immer.

10.02.2519

Religiös gehen wir vom abrahamischen und buddhistischen Zeitalter in das genesianische und änigmatische Zeitalter, von der gregorianischen Zeitrechnung in die genesianische über, es findet ein enormer Epochenwandel statt unter der Oberfläche, das beunuhigt ein bisschen und das befreit.

09.02.2519

Sogenannte Christliche Erziehung – die so tut, die so glaubt, als ob dieser jüdische Endzeitprediger jemals irdischer Grosserzieher werden wollte.... ist paulinisierte,also gross-sektiererische Erziehung mit autopo(i)etischen Unterstellungsschlaufen (Erbsünde, Entsünder-Gott, usw.). Das ist die traurige Botschaft der Frohen. Die gute Botschaft ist, es gibt eine religiöse Welt jenseits von patriarchalistisch-antikem Abrahamismus, Buddhimus, Hinduismus und Atheismus.

08.02.2519

Einstein soll bei seinen Leisten bleiben und Physik machen und das „Über Gott Reden" jenen überlassen, die wissen, wovon sie reden, nicht nur glauben.

07.02.2519

Einsteins „Atheisten-Brief" war einem Ersteigerer 2 Millionen Euro wert (Dezember 2018 gregorianische Zeitrechnung). Wenn Einsteins dummes Gekraxel soviel wert ist, ist Über die Anfänge unbezahlbar viel mehr wert.

06.02.2519

Zum historischen Jeschua, siehe die Nachträge zur Publikation – Beitrag von Riesner (2018) – unter „21.01.2519".

05.02.2519

Medizin, Gen-Medizin, die Menschen – Embryos inkl. – supersalubrisiert.

04.02.2519

Über die Anfänge von *Über die Anfänge*. Eine nochmals ganz neue Dimension von „Über die Anfänge" verspricht die Umkehrung des Blogs in die richtige „Linearität" eines Buches. Der Anfang von Über die Anfänge findet in Über die Anfänge – Teil 2 – statt, von den Seiten 522 bis 450 – ein „wilder Anfang" ohne Chronologie, begonnen im Jahr 2014 – auf S. 450 findet der erste chronologische Eintrag statt: „**25.06.2015**" (nach Christus). Auf S. 31 findet der Wechsel vom gregorianischen zum genesianischen Kalender, die Verschiebung von 500 Jahren in Richtung Achsenzeit (Axial Age) statt, mit dem Eintrag „**14.01.2516**" (nach Achsenzeit, after Axialage („a.A."). Das setzt sich in Teil 1, dann in der Martiana (Teil 3), Buch Vier (Teil 4), Buch Leben (Teil 5) bis hierhin, in Teil 6 fort.

03.02.2519

Post-hinduistische, post-buddhistische, post-abrahamische Aufklärung und änigmatische Religion sind kein Widerspruch.

03.02.2519

Die Änigmatische Religion ist zugleich Aufklärung über Religion. Die Leute werden in ihr nicht für dumm verkauft und es werden ihnen keine Unterstellungen unterschoben, auch werden ihnen keine Drohungen eingetrichtert. Sie werden freier und befreiter sein denn je.

02.02.2519

Die Auguren der Amadeu Antonio-Stiftung äugen ähnlich misstrauisch wie Scientologen, Christen, Buddhisten, Hindus und Muslime, aber auch gewisse Anwälte, auf Über die Anfänge und suchen Schwachstellen, Angriffspunkte oder Über- und Angriffe, die sie irgendwie eindämmen, verteidigen, zurückweisen, überbieten, anklagen, kritisieren, verurteilen, verdammen, ächten, verächtlich machen, denunzieren, verfolgen können (oder einfach wollen, dann müssen sie gar nicht lange suchen, sondern konstruieren sich dergleichen). Dabei gibt es nichts dergleichen. Es liegt alles blank da. Es ist alles, wie es war, erzählt. Nichts ist gelogen, Es geschah ein Wunder, zumal ein wunderbares Rätsel, eine Änigma, die sich repräsentierte, wie es in ihrer Religionsideologie vor langen, langen Zeiten geschah. Insofern ist Über die Anfänge eine metaphysische Erfrischung, eine Bestätigung, dass es Akommunikation und transphysische Involution in unserer Evolution, in unserer Wirklichkeit, in der unserer Genesis gibt. Nur sagen wir Änigmatiker, nur sagen wir Änigmatischen jetzt nicht „Amen".

01.02.2519

Contra Descartes. Die Physisteme ist durch und durch intelligibel. Es gibt Descartes Hiat Körper/Geist – ausgedehnter Körper (res extensa)/nicht ausgedehnter Körper (res cogitans) – nicht. Die Physisteme ist mit differenzierten Levels „res cogitans/extensa". Wir sind in der Natur, in der Physik unserer Physisteme und ihrer planetaren Lokalisation und Umwelt, durch und durch intelligibel konzipiert. Evolution ist Evolution von planetarisch-biosphärischer Intelligibilität. Sich auf intelligente Art zu reproduzieren, in das Reentry von sich selbst zu treten, so lange und so gut es geht, und aus der Kehre (dem Tod) eine Rückkehr in das Leben zu schaffen – Intelligibleres kann es in unserer Genesis kaum geben – also dem Modus unserer Genesis gemäss, demgemäss ihre Natur in unsere Natur, die Natur ihrer

Genesis in die Natur unserer planetaren Genesis, evoluierte. Unsere Zeit ‚die Zeit unserer Genesis, steht in der Gleichzeitigkeit mit der „Dauer(r)evolution" der änigmatischen Genesis, der Genesis Änigma, der änigmatischen Dimension. In unsere Zeit schachtelt und schichtet sich andere Zeit, es appräsentiert Präsenz nicht nur im linearen Modus von Vergangenheit, Gegenwart, Zukunft.

01.02.2519

Über die überlegenste religiöse Überlegenheitsekstase oder der Glaube an die Änigma. Ob die Ängima die „evolutive Spitze" der Gottevolution repräsentiert, älter als jeder alte Gott, göttlicher als der abrahamische Gott, göttlicher als das buddhistische Nirvana, göttlicher als die hinduistischen Gottheiten, ist eine Frage, die ganz aus unserer Genesis und ihrer Evolution, die zur unserer wurde, stammt. Sie ist viel zu vermenschelt. De facto nennen wir sie als Göttlichkeit, als die andere Dimension von unserer, als die andere Genesis von unserer, Ängima, änigmatische Dimension, mit der Kraft, sich in unserer Genesis als „schreibende" (lesbare), „sprechende" (hörbare) und „leuchtende" (sehbare) Persona-Entität zu manifestieren (so erlebt ca. 1972), wie auch als trans-spatiale/trans-temporale Synchronizität (nach C.G. Jung), die sogar Begrifflichkeiten transportiert/reintrudiert (so erlebt ca. 1975 und 1980). Und so weiter

31.01.2519

Zwischen diesen seelenlosen kalten Mauern findet die Anlüge des Selbst-Kultes statt. Wir sind nicht allein

„selbst", wir sind komplex-symbiontisch (das könnte Aristoteles mit „zoon politicon" gemeint haben) und bleiben es, über den Tod hinaus.

30.01.2519

Auf Salubritäts-Level A können wir uns nicht nur pränatal kurieren, sondern partiell regenerieren (organisch ersetzen). Wir gehen also dann von einer viel längeren Lebenserwartung aus – von 200, 300 Jahren und mehr.

29.01.2519

Die Menschheit auf Salubritäts-Level B bringen, ist also ein nächstes grosses Ziel von uns, soll unsere Pflicht, Verpflichtung, Obligation sein.

29.01.2519

Scientology ist komplett nicht-religiös. Es gibt nicht den Hauch einer Akommunikation in ihren inneren und äusseren Mauern. Sie besteht in keiner Hinsicht einen Vergleich mit der Änigmatischen Religion und Philosophie.

28.01.2519

Die aktuelle Menschheit hat Salubritäts-Level C- ab 50, 55 beginnt die Physisteme sichtlich dort und da zu zerfallen.

27.01.2519

Distopie und Paradies auf Erden….Der neue Übermensch ist der „übergesunde" Mensch. Die Gesunheitsheitsdiktatur wird eingerichtet: Wir werden gentechnisch nur noch Musterexemplare züchten und zeugen dürfen – alles andere ist verboten, mit Gendefekten auf die Welt zu kommen, wird vermieden, wird, wenn es trotzdem passiert, als Dummheit geächtet, als Lücke im System geflickt, repariert.. So wie heute schon die Milchindustrie, die Bauern, für ihre Kühe in Katalogen den Samen von Zuchtbullen aussuchen. Wir werden Pässe mit Salubritätsklassifizierungen tragen – es gibt A-Klasse-Menschen und B- und C-Klasse-Menschen, die A-Klasse hat das höchste Salubritätsniveau- diese Menschen sind bereits optimal behandelt zur Welt gekommen und verursachen fast keine Gesundheiskosten, auch nicht unter ihrem Nachwuchs, sofern beide Elternteile Salubritäts-Level A haben (vgl. die Vision im Film „Gattaca").

26.01.2519

Über die Ära der Supersalubrität als Phase des ausgehenden Alpha–Stadiums der Menschheit in Richtung Omega-Zustand der Menschheit. Supersalubre Menschen , also super-gesunde Menschen, die von der Medizin gen-technisch prä-natal gecheckt, gescannt und präventiv-kuriert werden und mit diesem „Salubritätsvorteil" (Salubritäts-Level A) zur Welt gebracht werden, zur Welt kommen – sind der aktuellste Trend in der Medizin und Gentechnologie.

26.01.2519

Über Supersalubrität. Bereits wurden zwei Föten mit „Gen-Schere" behandelt, sie wurden supersalubrisiert – wir warten die Resultate nach der Geburt ab....- sie werden gegen dieses und jenes lebenslänglich immun sein, wenn der Eingriff geglückt ist. Diese Technologie findet in todkranken Föten ihr Trojanisches Pferd, um sich immer mehr auszubreiten – wir werden an unseren Genen uns modulieren lernen, immer besser, immer sicherer, immmer umfassender, immer gezielter. Am Ende werden viele Krankheiten tatsächlich verschwinden, man wird Krebs grösstenteils eliminieren können, vor allem, wenn auch die Umwelt, unsere Industrie und Chemie-Industrie immer weniger kanzerogene Stoffe entwickelt – entwickeln darf. Unsere Industriewelt muss salubritätskonform gemacht werden. Biopolitik ist immer mehr Salubritätspolitik – eine krank gemachte Umwelt und eine die durch Atomverseuchung eine extreme krank machende Gefahr bedeutet, macht krank und droht krank zu machen – die Gesundung der Umwelt befördert die Gesundung unserer Physistemen, und umgekehrt. Die Gen-Auslese wird relativ gemacht.

25.01.2519

Dass über Gott, Gottheit, die Änigma, aufgeklärt wird, ihre Akommunikation kommunziert wird in „Über die Anfänge" und über die Illusionen und falschen oder fehlenden Fundamente von etablierten Religionen, besser, Grosssekten, ist eine ganz eigene „Dialektik der Aufklärung".

24.01.2519

Wir können nur durch unsere Linsen und Filter unsere Welt sehen, wir sehen sie in unseren Vermittlungsweisen und physischen Grenzen, deswegen werden wir nie „die Änigma unmittelbar" sehen. Und deswegen wird sie, um sich uns sichtbar zu machen, den Weg über unsere Vermittlungswelt wählen müssen. Davon sind Träume nicht ausgeschlossen.

24.01.2519

Ich muss nicht an die Änigma glauben, ich muss sie wissen. Insofern bin ich „nicht-gläubig", aber so, dass ich anderen Glauben versichern will, versichern kann, wenn es denn gut geht, wenn es denn gelingt. Und es soll gelingen. „Obligation" ist die zweite Botschaft, die ich der Welt vermitteln kann von ihr.

23.01.2519

Meine Einstellung zum Abrahamismus 1 ist vorsichtig und besonders bedacht – mein Grossvater war ein Nazi und Antisemit, wobei mehr Anti-Bolschewist als Anti-Semit – das Judentum wurde so lange verfolgt und ist de facto heute ein Minderheit von gut 10, 12 Millionen Leuten, sie haben besonderen Schutz verdient ! Leute jüdischen Glauben sollten ihrem Volksgott huldigen, wenn sie wollen, viel kritischer sehe ich jene, die sich diesen jüdischen Volksgott angeeignet, usurpiert und zu „Weltreligionen" aufgebläht haben, letztlich zu abrahamischen Grosssekten, die Paulinisten und die historizistischen Muslime, die zudem beide ihre Ur-

Testamente vernichteten. Also eigentlich auf Nichts und einem Raub bauen (ausser dem möglichen akommunikativen Gehalt).

22.01.2519

Die sichere Botschaft von Gott, von der Gottheit aller Gottheiten, die ich der Welt, die ich unserer Welt, der Welt der Menschen, übermitteln kann, übermitteln muss, übermitteln will – ist, dass sie Philosoph ist. „Philosoph. Du bist Philosoph".

21.01.2519

Studie über den historischen Jeschua, der in einer erz-jüdischen Oberschicht in Nazareth gelebt haben könnte (2018), Riesners Schlussfolgerungen passen zu denen in Über die Anfänge – allerdings „übersah" er einige „Details" – zum Beispiel, dass Jeschua eben kein „*Davidic descent*" war, trotzdem gemeindet ihn Riesner, nach guter alter paulinischer Mogel-Manier, in einen „*Davidic clan*" ein. Die von *Über die Anfänge* favorisierte These dazu ist, dass, um diesen „Mangel" wettzumachen, die Paulinisten statt den König David, gleich den Heiligen Geist persönlich zum Vater ihres Messias machten. Ausserdem erwähnt Riesner nicht, – auch das in „schöner" paulinischer Manier -, dass die judäische Prognose keine „kleine Ankunft", keine „kleine" Auferstehung des Messias, sondern nur seine „grosse" und „einzige" beinhaltet. Ansonsten passt seine soziale Verortung von Jeschua zur Überlieferung, dass die Eltern ihren Sohn zum Rabbi machen wollten – was er dann ja auch wurde, allerdings noch mehr, er wurde

zum Rabbi der Rabbis, das Papier der Thora wurde in ihm zu Fleisch (Riesner spricht von „...*living (...) in (...) the holy scriptures...*"), Fleisch wurde zu Papier von ihm (angeblich soll er nicht geschrieben haben). Womöglich umschreibt dieses „living in" seine Akommuniziert heit. Diese Schriften waren Akommunikation, nicht nur Kommunikation für ihn. So essen heutige Paulinisten noch Fleisch und Blut von ihm...die einen meinen symbolisch, die anderen beharren auf realistisch.... ein uralter kannibalischer Gebrauch lebt dabei auf....sie verzerren das Gehirn und Fleisch, sie trinken das Blut ihres Gottes, um sich sein Mana, seinen Geist, seine Kraft, einzuverleiben. Die heutigen ForscherInnen, zumindest die postabrahamischen, sollten ihn „Jeschua" nennen, damit die Vertraulichkeit mit dem eingebürgerten „Jesus" zugunsten einer angemesseneren historischen Fremdheit/Distanz im Namen Name wird. Riesner meint ausserdem, dass Jeschua, wie üblicherweise angenommen wird, nicht unbedingt arämisch sprach: „one should not confine oneself (...?) to an Aramaic origin, but also (...) ask for a possible Hebrew substratum" – auf Deutsch: möglicherweise war der hochreligiös verbildete historische Jeschua zweisprachig.
Auszug aus: „**The Earliest Perceptions of Jesus in Context**" (White/Evans/Wenham (ed.)) (2018), siehe v.a. den ersten Aufsatz von Rainer Riesner, seine „*Conclusion*" lautet: „*First, Jesus grew up and lived for about thirty years in Nazareth in a pious Jewish environment. Identifying him with the line of Cynic preachers was not a critical advance. Second, in view of the general socio-economic situation of Galilee, possible archaeological evidence from Nazareth and the*

background of his family, Jesus did not belong to the impoverished underclass. Third, because Nazareth was a settlement of pious Jews from Judaea, Hebrew was used in the synagogue, yet probably not only liturgically, but colloquially, too. Owing to the Semitic background of the words of Jesus, one should not confine oneself to an Aramaic origin, but also ask for a possible Hebrew substratum. Fourth, in the synagogue of Nazareth, Jesus could hear the Law and the Prophets through public readings in the Shabbat services, but he also had the possibility to study the holy Scriptures during the week there. Citations and allusions to the Old Testament in his words should not automatically be ascribed to the post-Easter Christian community. Jesus was not an uneducated peasant uttering some short popular wisdom proverbs, but acted as a messianic teacher living (...) in (...) the holy scriptures of his people. Fifth, the settlement history of Nazareth strengthens the tradition of a Davidic descent of Jesus (Rom. 1.3). In his Davidic clan, both the hope for a universal peace-king (Isa. 11.1) and for a messianic warrior (Num. 24.17) were alive. Faced with these differing expectations, Jesus had to find out what the will of his heavenly Father was for his messianic role (...)."

20.01.2519

Eine „klassische"Studie über den Zusammenhang von Todesangst und religiösem Glauben publizierten Jong/Halberstadt 2016: „Death Anxiety and Religious Belief" – die klar macht, dass nichts in diesem Verhältnis klar ist. Intuitive – nicht kontra-intuitive – Ansichten werden bestätigt, zumindest als „Tendenzen" eingeschätzt – etwa dass Nicht-gläubige mehr „Angst" vor dem Tod haben als Gläubige . Dabei ein Massstab für Angst schwierig zu ermitteln ist. Aus einer Studie von Schoenerade (1989) wird zitiert: „…that religious beliefs – and in particular strong afterlive beliefs – not only help to see people death more positively, but also help them to confront the negative aspects of death." (S. 154). Und nach drei Studien von Jonas/Fischer (2006 Terror managment and religion) wird gefolgert „…these studies provide some evidence that religious people either via their afterlive beliefs or their religious orientation, enjoy some immunity to the efects o death anxiety." (S. 155). Für Änigmatische ist das eine gute Nachricht. Für alle Menschen gilt, für die, die diese Botschaft empfangen, annehmen und weitergeben, noch mehr, dass sie den Tod nicht fürchten müssen. Dass wir in der Kehre aus dem Leben, zu dem wir auserlesen, auserwählt waren – statt Nichts zu sein, zu sein – nicht das Nichts berühren, sondern die änigmatische Dimension, dass wir in der Änigma aufgehoben sind.

19.01.2519

Vielleicht geschieht „Akommunikation durch die Änigma" wie der Wasserstrahl in eine mit Wasser gefüllte Badewanne, in dem das Chaos die Tropfen verührt und verteilt, einer davon fliegt über den Badewannenrand und trifft die Spinne neben der Wanne in der Ecke. Der überdeterminierte Zustand ist so überdeterminiert, dass es keinen einzelnen „Determinator" geben kann. Insofern ist die Ängima kein „absoluter Determinator" oder das Wesen dieser Überdetermination selber (ähnliches glaubte Spinoza).

Das zeigte sich schon früher, dass die Gläubigen zwischen ihrer Welt und derjenigen Gottes eine Differenz, Welten unterschiedlicher Kräfte und Gesetze, machten, ebenso die Philosophen (Platon, Aristoteles, Heraklit), vielleicht liegt dem nur die Differenz „lebend/tot" zugrunde. Ich bin im Diesseits, solange ich lebe, und im Jenseits – bei den Milliarden anderen – , wenn ich tot bin, ich bin im Endlichen, dann im Unendlichen (Endlichen).

18.01.2519

Da wir Bewusstsein haben und dieses zum Wesen des Seins erklären, können wir fast nicht anders. als der Änigma ebenfalls eines zu unterstellen, sogar eines von unglaublich grösserem Vermögen. Aber vielleicht ist das ein simpler Holzweg.

17.01.2519

Ich vermute, dass der Änigma nicht gefallen würde, würden sich Menschen an mir vergreifen. Dass ich nicht akommuniziert worden bin von ihr, ohne Schutz durch sie zu erfahren. Dass sie in einem gewissen Sinn, ein Schutzengel ist. Also dass hier bestens infantile Phantasien von schützenden, umhegenden, fürsorglichen, liebenden, aufopferungsbereiten Eltern hinpassen. Und so geschieht, erlebt sich, persönlicher Glauben an Gott tatsächlich häufig. Mensch fühlt sich mit Gott geborgener, von der, an der ins Erwachsenenleben verlängerten Hand und Brust der Mutter gehalten. Fast unvermeidlich ist es, dass der Text ihrer Akommunikation bei uns in diesen Kontext gerät.

16.01.2519

Änigma oder Abrahamischer Gott? An den abrahamischen Gott zu glauben, ist provinzieller Universalismus, peinlich patriarchalistisch, verbunden mit absurden Unterstellungen (Erbsünde, Jüngstes Gericht etc.), aber jedem/r sein, ihr oder kein abrahamischer oder nicht abrahamischer Gott. Beim Glauben an die Änigma (bei mir muss es Wissen von ihr sein, Wissen, *dass* es sie gibt, nicht *warum* und *wie*), wird ein globaler, kein provinzieller Universalismus geglaubt, ohne peinlich patriarchalistisch und mit absurden Unterstellungen verbunden zu sein. Die Änigma ist die Göttin der Götter, das Göttliche des Göttlichen, auch wenn das zunächst nichts anderes als „extrem anders" – weil sie das Wesen der anderen Genesis als unserer und ihrer änigmatischen Dimension ist – und „rätselhaft" heisst.

15.01.2519

Ich bin nur (wesentlich, hauptsächlich) ein Jahrtausendereignis, weil die Akommunikationen, die mir widerfuhren, ein Jahrtausendereignis sind.

14.01.2519

Wenn ich mich nicht selber wäre, würde ich mich selbstverständlich auch für verrückt, zumindest für zweifelhaft, halten. „Gott" darf einem, kann einem nicht begegnen, das geschah für Christen zum letzten Mal vor gut 2000 Jahren, für Muslime vor gut 1300 Jahren.

13.01.2519

Mitte 2.0. ist die Partei der Dritten Richtung. Sie ist religiös revolutionär, änigmatisch, nicht traditionell. Sie ist wirtschaftspolitisch revolutionär kooperations-kapitalistisch, nicht mehr traditionell. Sie ist sozial revolutionär männschredekonstruktiv, nicht mehr traditionell. Und doch ist sie in allem urtraditionell.

13.01.2519

Mitte 2.0. kann linker als links und rechter als rechts sein.

13.01.2519

Früher war die Linke die Partei der Aufklärung, der anti- bis post-religiösen, heute ist es die Partei der religiösen Kulturkonservativen, die alles und jeden lieben und akzeptieren und gleich machen wollen. Damit decken sie einen Teil des rechten Spektrums ab. Leute von der Mitte 2.0 sind fähig, sowohl das Linke wie das Rechte zu übersteigen oder mehr als einzuholen, an beiden Polen.

14.01.2519

Mitte 2.0. ist – wenn es der Sache dient – auch – passager, nicht ständig – radikaler als Links oder Rechts zu sein.

12.01.2519

Das einzige „Heilige" was in Mekka stattgefunden haben könnte, ist die Akommunikation Mohammeds, der Rest ist für den historischen Müllhaufen.

12.02.2519

Mekka war ein fauler Deal: Der Kreislauf um den schwarzen Stein fand schon vor Mohammed seine abergläubigen oder „altgläubigen" Anhänger. Er wurde, für den faulen Deal, den Mohammed machen musste, um mit seiner abrahamischen Sekte weiter zu kommen, übernommen und uminterpretiert. So wie diese altgläubige Stätte von den neuen Abrahamisten kurzerhand zum „Haus Abrahams" umgetauft wurde.

11.01.2519

Auch die Buddhisten unterstellen eine moralische Selektionsanstalt im Jenseits, die wie ein Ultrasupercomputer das Leben jedes Einzelnen durchrechnet, und es dann in eine Kategorie Wiedergeburt oder, Jackpot !!!, (höchst selten) in die Erlösung im Nirvana, einteilt. Ein göttliches Richter- und Einteilungsamt des Jenseits für das Diesseits, das den Akommunizierten (Buddha) akommunizierte – so stellen sich Buddhisten die Änigma vor.

10.01.2519

Wenn dich die Änigma annimmt, du dich von ihr angenommen fühlst, kann es nur gutes Leben in unterschiedlichen Graden geben. Die Hitler lebten in den untersten Graden „gutes Leben". Die Heiligen in den höheren, die Mütter und Väter in den noch höheren Graden. Es gibt im Leben kein negatives Leben. Zu Recht haben die alten Religionen darauf hingewiesen, dass ihrem Teufel, ihrem Satan etwas „Sekundäres" anhaftet.

10.01.2519

Alles, was „absolut" ist, ist „absolut" für unsere Genesis – es bleibt relativ. Was in der Genesis Änigma „absolut" ist, ist uns völlig, ist uns fast absolut, fremd. Es gibt ein relativ Absolutes, das uns verbindet (sie mit uns, uns mit ihr), ihre Akommunikation und die änigmatische Dimension unserer Genesis.

10.01.2519

Unter Menschen gibt es kein „absolut Böses", sondern die unterste Kategorie von sadistischen, kranken, empathiegestörten Menschen – hauptsächlich Männer, die anderen Menschen Böses taten und tun, getrieben von Hass und Ideologie, Dikatoren müssen sogar morden, um sich an der Macht zu erhalten, weil sie die Macht anders nicht erhalten (Stalin, Hitler). In einem Forum der demokratischen, demokratisch sich legitimierenden und delegitimierenden Macht, können und müssen solche Auswüchse nicht fruchten. Müssen Präsidenten nicht gestürzt, nicht ermordet, nicht einmal vertrieben werden, sie werden abgewählt. Sie müssen sich auch nicht vor den Bürgern und Bürgerinnen fürchten, höchstens, dass sie nicht mehr gewählt, dass sie abgewählt werden. Die

BürgerInnen organisieren ihr Verdikt über sich, ihre höchste Steuerung, Verwaltung und Organisation, selber.

09.01.2519

Es wird keine Scheidung in Himmel und Hölle geben. Distanzier dich von der Vorstellung, dass die Änigma eine moralische Selektionsanstalt ist.

08.01.2519

Dass im Sterben die Menschen eine „Kompaktbilanzierung" und „Kompaktvisualisierung" ihres durchlaufenen Lebens durchmachen, wird gelegentlich berichtet, vermutlich ist das die reale Referenz des ideologischen Popanzes des Jüngsten Tags, des Tags der Versammlung, der Muslime. Dieser Popanz ist also sekundär, bereits abgeleitet von etwas, was mit dem endgültigen Übergang des Menschen in die Kehre und Einkehr und Rückkehr zu tun hat. Wir werden im Tod das Nichts nicht berühren.

08.0.2519

Das ganze Leben wird im Sterben wie ein Gericht vor Augen stehen und sich in dir fragen: Hast du mich gut gelebt, hast du mich genug gewürdigt, wusstest du zu schätzen, auserlesen zu sein, nicht Nichts? Hast du gespürt, und was hast du daraus gemacht, Sterbende, Sterbender, dass du auserlesen wurdest, zu leben, für dich, als auch für das Leben, das du in die Welt setzt, und das du für das Leben anderer wahrst?

07.01.2519

Die Grundthese des Christentums – der Mensch sei von Grund auf „verdorben" (Erbsünde) – ist ein paulinistischer Irrsinn, ein rhetorisches Zauberstück, um die Fortsetzung der neujüdischen Sekte unter den Zeichen des Todes ihres Gurus, zu garantieren: sein Tod musste mit Bedeutung aufgeladen werden: um das mussten die Sektenanhänger an Bedeutung verlieren.

06.01.2519

Wir können nicht erwarten, dass die Menschen, angeführt von vielen Frauen, diesem jüdischen, christlichen, muslimischen Märchen-Nonsense noch Jahrzehnte, noch Jahrhunderte folgen werden. Dasselbe gilt für den buddhistischen und hinduistischen Märchen-Nonsense.

05.01.2519

Wittgenstein und Luhmann hätten ihren Spass an der änigmatischen Philosophie und Religion. Nietzsche müsste Kreide fressen. Heidegger sich warm anziehen.

26.01.2519

Von Buddhisten und Hindus abgesehen – für fundamentalistische Christen und Muslime mehr noch als für Juden, bin ich der Horror (wenn nicht die Befreiung), zwar so, dass sie in meinem Geburtstagsdatum die Zahl „666" herauslesen werden. Wetten (dabei mind. 2 Zahlen

„ignorieren". Was nicht passt, wird passend gemacht, darin haben sie ja jahrhundertlange Übung....).

04.01.2519

Sensationell wäre, wenn ein evangelischer Pastor, zu schweigen, eine katholische Pastorin – das kann heute nur eine altkatholische sein, katholisch gibt es nur männliche Priester -, zum änigmatischen Glauben, zur änigmatischen Wissens- und Glaubensphilosophie, konvertierte – und sagte, sie lese lieber „Über die Anfänge" als die „Bibel" bzw. die Bibel mit der Brille von *Über die Anfänge* als ohne sie. Ihr Studium, ihre Lektüre hätte ihr mehr die Augen, den Geist und die Seele geöffnet, als das Pseudostudium der christlichen Theologie, das nicht an die Universität gehört, davon sei sie mittlerweile überzeugt. Das Problem wäre dann, er oder sie verlören jedweden etablierten Anschluss, jegliche gut dotierte Stelle, es gäbe kaum jemanden, der sie verstünde. Sie wären Pioniere, – zunächst im Einzelgang, viel später gefolgt von Massen -, und auf sich zurückgeworfen wie in die Zukunft katapultiert.... Das religionsideologische Etablissement hat sich der paulinischen Grosssekte verschrieben, so schnell lässt es sich nicht aus der Bahn, aus den gewohnten Bahnen, werfen, wenn auch die Zeit des Abrahamismus nicht nur tickt, sondern abläuft (insbesondere von Abrahamismus zwei und drei), die des Buddhismus und des Hinduismus ebenso.

03.01.2518

Religion ist Kommunikation über Akommunikation (und die Folgerungen, Handlungen, Wertungen daraus).

03.01.2519

Selten werden Menschen akommuniziert, darunter sind nicht nur extrem Akommunizierte wie Buddha, Jeschua, Mohammed, sondern auch Leute gemeint, die Synchronizitätsakommunikationen erfahren (zur Synchronizität, vgl. C.G.Jung) – Buddha heisst „der Erleuchtete", in unserer Sprache „der Akommunizierte". Historisch realistisch ist davon auszugehen, dass Mohammed, dass Jeschua glaubten, akommuniziert worden zu sein Wenn die überlieferte Textfigur Jeschua bescheiden sagt: ich berichte nur, was ich sah (…), was ich hörte (…), dann sind das Hinweise darauf. In seinem erz-jüdischen Kontext hiess diese Erleuchtung, erleuchtet zum Messias zu sein – eine andere Stelle, Interpretationsstelle, in der Ideologie, in der Theorie, gab es nicht. Also geht mir aus dem Weg und folgt meinem, Juden, ich bin der Messias, der König der Juden, der angekündigt wurde. Eigentlich aus Davids Königsgeschlecht, aber mensch sollte das nicht zu eng sehen. Statt einen König machten die Paulinisten kurzerhand den Heiligen Geist zu seinem Vater.

02.01.2519

Menschen können nicht akommunizieren, sie können kommunizieren. Akommunikation kann „Gott", kann die

Änigma, kommt aus der änigmatischen Dimension unserer (und ihrer) Wirklichkeit.

01.01.2519

Wenn die Eltern ihre Liebesbeziehung zu ihrem, in Liebe gezeugtem, aber noch ungeborenen Kind beginnen... „nach der Zeugung, die Mutter pränatal im Kontakt mit ihm, bereits als Liebesbeziehung (im idealen Fall) vorgeburtlich erwartungsfroh angenommen, ihr Kind in ihr Herz geschlossen.... " (Über die Anfänge Teil 2, S. 390 – de facto Band 1).

32.12.2518

Sein zum Leben. Dass wir alle das Sterben, das eigene Sterben vor uns haben, abgesehen von der Vorbereitung durch Abnutzung, Schwächung der Widerstände, Einprägung des Alterungsprozesses, eine Einprägung, die für unser Bewusstsein immer unübersehbarer und unüberwindbarer wird, so dass der Körper, so dass die Physisteme sich an ihr und an dein sterben zu erinnern beginnt – und sich über ihre Alterung „von selbst" bewusst macht..., das macht uns alle zu extrem tapferen, extrem starken Helden und Heldinnen des Lebens und Sterbens, nicht nur zu extrem schwachen Opfern, die letzlich gegen einen Prozess ankämpfen, den sie nicht gewinnen werden, den sie nie gewinnen werden. Es ist die Kraft zum Leben, das Sein zum Leben, mit der wir uns auch mit Verachtung gegenüber diesem Prozess um jeden kleinen Sieg freuen, um jedes Jahrzehnt mehr, das wir leben, um jedes Leben mehr, das wir schaffen. Sein zum Tode ist ja bloss das, was Sartre „intertie" nannte, sich dem Trägheitsgesetz des Lebenden, dem die Kraft ausgeht, zu fügen, sich fallen und zerfallen zu lassen, eine sehr männliche Phantasie, diese Heidegger-Formel, die in ihrem Bauch nie mit dem Leben, mit dem Sein zum Leben und als Sein zum Leben, schwanger ging. So müssen wir uns die Änigma als eine Göttlichkeit des Seins zum Leben vorstellen, als das erste, letzte, wohl ewige Sein zum Leben überhaupt.

31.12.2518

Abgesehen von der Stärke zum Leben. Du brauchst die Stärke zur Schwachheit, du brauchst die Stärke zum Sterben. Wir sind unheimlich stark.

30.12.2518

„Es gibt Verwandtschaftsbeziehungen zwischen allen Religionsgemeinschaften, die genesianische Religion ist die Religion dieser Beziehungen." (Über die Anfänge 1 (2017), S. 398)

30.12.2518

Die stärkste religiöse Überlegenheitsekstase ist zugleich die schwächste, sonst ist sie sicher nicht die stärkste.

28.12.2518

Die änigmatische Bewegung ist die stärkste religiöse Überlegenheitsekstase aller religiösen Überlegenheitsekstasen, deswegen wird sie die erste und die stärkste globale Religion werden. Überlegener sein als die anderen religiösen Überlegenheitsekstasen. Sie wird zugleich diese „Überlegenheit" abstreifen, erkennen, dass es für die Änigma dieses Kriterium nicht gibt, dass es nicht religiös ist. Sie wird die überlegenste Nicht-Überlegenheit, sie wird edle Bescheidenheit, sie stellt sich auf ein Diesseits Jenseits von Überlegenheitsekstasen, ein und feiert die Änigma, die Welt unserer Genesis, ihrer änigmatischen Dimension, Kommen und Gehen im Sein zum Leben und für die Einkehr in die „Kehre".

27.12.2518

Über änigmatische Bewegung und Tradition. Wo der Wille zur Komplexität und zum Kompromiss fehlt oder sich erschöpft, entsteht Krieg. Ein Religionskrieg der alten Religionen gegen die änigmatische Bewegung, ein Krieg der änigmatischen Bewegung gegen die alten Religionen, ist zu vermeiden (ist vermeidbar). Es geht darum, Religion in demokratische Prozesse zu überführen, statt in Bürgerkriege zu führen, und dort zu ermächtigen bzw. zu entmachten. Religion hat Überzeugungsstärken und -schwächen, Grundlagen, die es offenlegt oder die offengelegt werden, sie wird, mehr denn je, zum Gegenstand der öffentlichen Debatte, sie muss sich rechtfertigen und sie wird bewertet, beurteilt. Mehr denn je ist sie von dieser Welt, von unserer Genesis.

26.12.2518

Einfach und wirklich global wird es in der „änigmatischen", post-abrahamischen, postbuddhistischen, post-hinduistischen „Religion", bis dahin wird es noch sehr kompliziert werden. Da nützen billige Appelle wenig.

25.12.2518

In der Zeitung „Zeit" (Okt. 2018) plädiert eine angebliche „Atheistin" für die einfache Einkehr in die Liebe für den Nächsten und irgendetwas Höheres – warum sie selber dort nicht „einkehrt", lässt sie offen, diese sehr merkwürdige Atheistin.... Die sog. christl Nächstenliebe (das letzte Pfand der Christen...) eignet sich bestens für Missverständnisse, die sog „Atheistin" produziert eine Menge davon. Simple Appelle – Missbrauch des Liebesbegriffs- bei einer Ideologie wie Abrahamismus sind zusätzlich irreführend.

24.12.2518

Es wird Leute geben, die teilen in der Jugend nur die postabrahamische Aufklärung und erst im Alter die änigmatische Religiösität (oder verharren in der ihnen tradierten).

23.12.2518

Änigmatische Religiösität (die, die wollen, Religion und Philosophie der Änigma) und postabrahamische Aufklärung sind kein Widerspruch, sondern jeweils die andere Seite der Medaille.

22.12.2518

Über Änigmatik und Esoterik. Neben der änigmatischen Akommunikation, die nichts von Esoterik an sich hat, die Verstand und Scharfsinn notwendig macht – gibt es die esoterische Erleuchtungs-Industrie, die „Business-Welt der Spiritualität und Mensch gewordenen Lichtwesen", die viel Unschärfe, viel Aberglaube, viel Träumerei und Dümmlichkeit notwendig macht oder voraussetzt, und ausnutzt... Leute, die irgendwie aus ihrern Kinderträumen nie richtig aufgewacht oder ausgewachsen sind, statt eine solide akademische Ausbildung ihr eigen wissen, fest an eine Einbildung glauben, um mit ihr einen eigenen Geschäftszweig zu betreiben: das Geschäft mit der Jenseits-Esoterik, mit dem Licht-aus-dem-Jenseits, das sie durch „channeling" uns vermitteln.... – vom Chilenen, der an der Frankfurter Buchmesse 2018, ein angeblich im Jenseits-Auftrag geschriebenes Buch vorstellt und, sollte das Buch nicht interessieren, Seelenreinigungs-Rituale mit Handauflegung anbietet für 20 Euro.....(das erinnert an den alt-katholischen Ablasshandel...), über das „britische Medium", das Jenseits-Kontakt-Medium Paul Meek, der „professionelle" Geist-Heiler- und Jenseits-Kontakt-Medium- Ausbildungsseminare anbietet bis zu Anne Hommers, die bei ihrer Tarot-Karten-Legung und - Auslegung auf „*kosmisches Wissen*" zurückgreift (bei einer Tarot-Karten-Session, in die ich zufällig geraten bin, hatte ich mal ein tatsächlich erstaunliches „Tarot-Erlebnis...da ich es aber nicht wiederholte, schreib ich es eher dem schönen Zufall, als dem mich bestimmenden Jenseits zu...), die Seelenflüsterin, die seit der Kindheit „*Lichtwesen*" begleiten und einen Channel zum göttlichen Jenseits – per Telefon für 2.90 Euro die Minute – anbietet – um von vielen nur diese zu erwähnen. Was unterscheidet sie von der Eröffnungsakommunikation? Erstens, sie sind nicht „Philosoph" und verstehen als Kind nicht, was das genau bedeutet „Philosoph", sie sind nicht aufgerufen, etwas Nichtverstehbares zu verstehen, sie verstehen „alles", „Engel", weiss doch jeder, was n Engel ist…. zweitens, sie sind ungenau, vage: wann, wie, wo hat das begonnen?: „in der Kindheit" heisst es meistens. „als Baby habe ich Lichtwesen" gesehen. Als ob uns Baby-Erinnerung präsent wäre…. Manchmal grenzt die Präsentation an schlichter Dreistigkeit, nur für die ganz Schlichten nicht erkennbar und auf sie scheint das „Medium" auch besonders ausgerichtet zu sein… etwa Claudia Vogenedder: *„Ich bin Lichtkanal für die Übertragung von Christusenergie"*, *„seit meiner frühesten Kindheit sehr eng mit Engeln verbunden"* – allerdings *„ich musste…versprechen….es niemand zu sagen* (überall Engel zu sehen) *„….weil die Fähigkeit sonst verloren geht, wie Sie sagten"* (….offenbar reden die Engel zu ihr und fordern sie auf, das Geschäftsgeheimnis nicht zu verraten….Wenn diese Engel nur nicht ihre Website lesen…. ihre *„Fähigkeit"* müsste sie jetzt eigentlich verloren haben…. ausserdem:..zu „Christus" kann ein Baby nicht wirklich kommen, so ab 4, 5 Jahren beginnt es vielleicht an „Engel" zu glauben, und über den Weihnachtsmann und das Christkind wird sie an die paulinische Grosssekte mit dem Wundermann, der unter sich das Wasser des Moses mit Füssen tritt, herangeführt…lange nach ihrer Taufe….. – einige wenige Leute glauben noch mit 40, 50 Jahren an Engel… das Leben: ein möglichst lange anhaltender Kindertraum -eine nicht anhaltende Harry-Potter-Lektüre….ein Koran, eine Bibel, voller Engel und Engelähnlicher….das sei jedem, jeder ihr „Recht", Meinungs- und Glaubensfreiheit schliesst Irrglaubens- und Falschmeinungsfreiheit in Massen ein….die aufgeklärte oder die unaufgeklärte Gesellschaft oder die Mischgesellschaft mit beidem, bestimmt die Grenzen). Eine andere ist ein *„Channel-Medium für göttliche Lichtwesen,,.* Echt. Ja. Eine andere ernährt sich *„seit 2005 wesentlich von Licht (Prana)".* Und so weiter.

21.12.2518

„…eine neu-jüdische Sekte, die sich getrieben sah, Überlegenheit über die alt-jüdische zu demonstrieren, sogar die sprichwörtliche christliche Demut und Offenheit war Reaktion, verinnerlichte Antithese, auf unterstellte altjüdische Hochnäsigkeit und Arroganz, immer dabei mitklingend: Wir sind die lieben Offenen für alle, jene sind die Zugeknöpften, wir sind die Demütigen, sie sind die Arroganten.

21.12.2518

…selbst die paulinische Demut war nicht selbstlos, war reaktiv, war getrieben (vgl. Nietzsches Theorie über das Ressentiment, das das Christentum ausmache, wir verfolgen eine etwas andere Spur), selbst die christlichen Wunder sprachen nicht allein für sich, sondern immer für die Überlegenheit über *deren* Wunder…." (aus: *Über die Anfänge* 1, S. 373).

20.12.2518

Ein Quellenhinweis, dass der historische Jeschua, von dem das paulinische Testament wenig übrig liess, tatsächlich als Jude jüdisch dachte, predigte, ist der Ausspruch: *„Meint ihr, ich sei gekommen, Friede auf die Erde zu bringen, nein, Zwietracht. Denn von nun an werden in einem Haus....entzweit sein...Vater und Sohn,..., Mutter und Tochter, Schwiegermutter und Schwiegertochter.“* (Luk 12.49). Er meinte seine *jüdische Welt*, er meinte *jüdische* Häuser, *jüdische* Familien (siehe Über die Anfänge 1, S. 373-374). So war es dann auch eine neu-jüdische Hippie-Bewegung, und wie in jeder Hippie-Bewegung: ein Generationenkonflikt, die ältere Generation blieb skeptisch, viele von der jüngeren Generation wurden enthusiastisch – über diesen wandelnden Todesengel, der ihnen predigte, dass die „Zeit nah“ sei, er müsse kurz ins Jenseits um mit seinem Vater, dem Reich Gottes, zurückzukehren. Die paulinisierte Bibel machte aus älteren Schichten und neueren Schichten der Jeschua-Überlieferung immer mehr den „rein“ paulinischen Jeschua, der von Anfang an die ausserjüdische Welt und „alle Völker“ im Sinne hatte. Dazu gibt es auch im Abrahamismus 1 Ansätze, doch dominiert dort der Gott Abrahams und Israels, nicht der Gott aller Völker, zu dem alle Zugang haben sollen. Diese Göttin gab es zwar damals schon, wir nennen sie „Änigma“, aber sie wurde unter der abrahamisierten Herrschaft von Schrift und Archiv, verdrängt, auf den Kopf gestellt, vergessen, ausgelöscht, dasselbe Schicksal widerfuhr ihr in der buddhistischen Version.

19.12.2518

„unendlich" (∞) ist nicht „eins"(1). Die Kommastellen von der Zahl Pi sind „unendlich", aber nachgestellt, unendlich zwischen 3 Komma – und 4 „eingeschlossen". Unendliche Annäherung an die Kreislinie, die Schranken *voraussetzt*. Die wir in der Anschauung problemlos endlich produzieren können: Zeichne mal einen Kreis. Das Kreis-Zeichnen mit der Hand, das Berechnen des Kreises mit der Hand, der Inhalt, der Umfang des Kreises. Pi zeigt uns unsere Stümperhaftigkeit, unsere Unvollendung, unsere Nachrangigkeit auf, treten wir aus dem Einschluss in unsere Genesis als Voraussetzung von allem, in unsere Reflexion – Platons ideale Körper verweisen tatsächlich auf eine „primärere", „perfektere", „ältere" Genesis, wenn wir aus unserer Geboren- und Gewordenheit auf Denken abstellen, aus dem nicht wir, sondern unsere Reflexionen, abgeleitete Produkte wie die Zahl Pi (π) sind, die ewig perfekt imperfekt weiter- und weiterrechnen. Das heisst: eine „perfekte" Dimension ist in uns, sie tangiert uns.

18.12.2518

Wir sind nicht alle eins in Christi, eins im Nirvana, eins im muslimischen Himmel, und so weiter – wir sind alle eins in der Änigma (wenn überhaupt).

18.12.2518

Zweifel sind berechtigt, die Änigma mit unserer „eins" erfassen zu können. Wie kompliziert ist schon unsere „primitive Physik" auf höchstem theoretischen Niveau, wie um Qualitäten komplizierter, das Verstehen der Änigma.

17.12.2518

„Philosoph, Du bist Philosoph" vermittelt durch die Änigma wirkt wie ein radikales „Reset", wie ein Zurücksetzen und Neustarten. Alles auf „Null" und aufs „Absoluteste" zurücksetzen und neu starten. Ich, Änigma, setzte mit dir alles absolut auf mich (nicht auf Null) zurück und starte mit dir neu: *„Philosoph, Du bist Philosoph"*.

16.12.2518

Spektrum.de/Wissenschaftsjournalismus / September 2018 – Interview zwischen den Profs. Sommer (Primatenforscher und Agnostiker) und Drossel (Physikerin und Christin). Aus änigmatischer Religions- und Philosophie-Perspektive: Der eine müsste seinen Panzer noch mehr ablegen, versteht er das Nichtverstehbare der Eröffnungs- und Synchronizitäts-Akommunikationen, die andere ihre Auswändigkeit, ihre zum Teil abgedroschene („all das Leid"), zum Teil fürchterliche („Wir sind alle eins in Christi") Gemeinplätzigkeit. Drossel hat Recht, wenn sie eine andere Genesis als unsere reklamiert, und dass wir uns die Änigma nicht anders als „Persona" vorstellen können, vor allem, wenn sie mit uns akommuniziert, und zwar so, dass wir sie verstehen können. Sommer hat recht, dass dies nach unserer Genesis, nach unserer Natur geschehen muss.

16.12.2518 (2)

Panzer und Auswändigkeit – beidem fehlt „Innerliches" – der genesianischen „Religion" nicht.

16.12.2518 (3)

Der Begriff „Religion" ist verbraucht. Suchen, schaffen wir einen neuen, adäquateren.

15.12.2518

Jeder Mensch. Du, Du bist Philosoph. Philosophin.

14.12.2518

Sie ist kein regionaler Universalismus, sie ist wirklich globaler Universalismus, Pluri- und Transversalismus.

13.12.2518

Sie ist die Zukunft. Sie ist die Ewige Zukunft.

12.12.2518

Die änigmatische Bewegung, die Religion der Änigma, der Genesis-Änigma, der Genesis unserer Welt, ist nicht nur die Emanzipation von Abrahamismus, Buddhismus, Hinduismus und anderen, sondern ihre moderne Erbin und Fortsetzerin der ältesten Religionen, der Religion der Magna Mater.

11.12.2518

Merkwürdigerweise produzierte der Suhrkamp Verlag ein Buch unter dem Titel „The Great Regression" – für die Genesis-Ethik, für die Genesis-Philosophie, für die änigmatische Religion, für die postabrahamische Aufklärung, für den Kooperationskapitalismus gibt es nur ein Wort, das passt: The Great Progression.

10.12.2518

homo-cannibalis-homo-sapiens-Eintrag verschoben zu April 2517 (thematisch passend)

Personenverzeichnis

Abdel-Samad 105
Adorno 32,80
Allah 15,16,24,29,75,76,104,109,121,131,133, 135,171
Aly, Götz 154
Aristoteles 42,55,56,210,227,235
Barthes, Roland 195
Brandom, Robert 42
Breivik 3
Brossier, Marthe 9
Buber, Martin 190
Buddha   18,32,66,93,116,119,125,163,196,210, 238, 243
Butler, Judith 32
Caesar, Julius 122
Cane, Michael 200
Christus, siehe Jeshua
Cicero 122,146
Darwin 49,80
Deleuze 31
Derrida 32,42,44,46,122
Descartes 111,226
Einstein 19,66,128,219,220,223
Foucault 195
Freud, Anna 148
Freud, Sigmund 148,149,151,187,197

Frenzen, Verena 190

Friedrich II. 83

Galen 210

Gehlen, Arnold 189

Gregory, Tullio 205

Hegel 31,32,42,44,122,164,193

Heidegger 42,44,46,56,122,193,241,244

Heraklit 41,49,163,182,235

Hitler 22,78,79,81,165,197,239

Horaz 122

Houellebecq 5

Hümmler 94

James, William 107,117

Jeshua (Christus; Jesus) 6,25,29,32,33.55,64,66,
69,71,72,76,80,81,82,85,86,87,88,89,91,93,129,
183,189

Jonas/Fischer 234

Jong/Halberstadt 233

Jung C.G. 66,104,119,128,132,152,175,196,197,
217,218,226,243

Karl, der Grosse (Schlächter) 120

Kiefer, Anselm 193

Kramp-Karrenbauer 92

Lacan 31,148

Latour, Bruno 207,208

Leslie, Rose 200

Lichtenstaedter, Siegfried 154

Luhmann 242

Luther 32,41,46,51,53,72,73,74,76,98,157,159,

160,162,181
Maria Magdalena 32
Martell, Karl 120
Martial 122
Marx 32,78,79,194
Merkel 11
Mohammed 7,15,16,24,25,28,29,32,34,37,38,56,
58,5,64,66,70,71,75,93,103,104,105,109,115,
119,131,134,135,136,144,171,191,196,210,238,
243
Muhammed Ali (Cassius Clay) 156
Nietzsche 29,32,42,173,182,241,250
Nostradamus 197
Ovid 123
Paulus 32,64,65,68,72,78,79,80,81,85,86,87,88,
141,166
Perry, Katy 158
Petrus 6,161,204
Piaget 148
Platon 6,17,88,210,236,254
Plinius 123,147
Quintilian 147
Riesmer, Reiner 231,232
Roling, Bernd 4
Satan (siehe Teufel)
Schirach Von 192,193
Seneca 123, 147
Servet, Michael 190
Sloterdijk 77

Spinoza 42,148,182,193,200,234
Teufel   8,9,10,78,79,80,97,98,99,109,159,160,
165,239
Thunberg, Greta 48
Vanini, Lucilio 190
Voltaire 83
Wedekind 219
Weyer, Johann (Wier, Jan) 97
Wittgenstein 148, 242